本书是重庆市教委人文社会科学项目
"重庆少数民族体育文化图像志"（21SKGH216）核心成果

U0724848

重庆少数民族体育文化图像志

徐泉森　谭　宏　饶清秀子　张小虹　段红梅◇著

重庆大学出版社

图书在版编目（CIP）数据

重庆少数民族体育文化图像志 / 徐泉森等著.
重庆：重庆大学出版社，2024.6. -- ISBN 978-7-5689-
4537-0
Ⅰ. G852.9-64
中国国家版本馆 CIP 数据核字第 2024WU9814 号

重庆少数民族体育文化图像志

徐泉森　谭　宏　饶清秀子　张小虹　段红梅　著
策划编辑：唐启秀
责任编辑：李　伟　　版式设计：唐启秀
责任校对：邹　忌　　责任印制：张　策
*
重庆大学出版社出版发行
出版人：陈晓阳
社址：重庆市沙坪坝区大学城西路 21 号
邮编：401331
电话：(023) 88617190　88617185 (中小学)
传真：(023) 88617186　88617166
网址：http://www.cqup.com.cn
邮箱：fxk@ cqup.com.cn (营销中心)
全国新华书店经销
POD：重庆新生代彩印技术有限公司
*
开本：720mm×1020mm　1/16　印张：8　字数：115 千
2024 年 6 月第 1 版　　2024 年 6 月第 1 次印刷
ISBN 978-7-5689-4537-0　定价：48.00 元

ABOUT THE AUTHORS **主要作者简介**

　　徐泉森,重庆文理学院社会科学处副处长,重庆市人文社会科学普及专家,重庆市体育科技专家,硕士生导师,重庆文理学院重庆市非物质文化遗产研究中心、重庆文理学院铸牢中华民族共同体意识研究中心研究人员。主持了包括国家社科基金在内的国家级、省部级、地厅级课题19项,以第一作者身份发表学术论文63篇,完成决策咨询报告20余篇,成果被《中国体育报》论点转载1篇,被中国社会科学网全文转载1篇。

　　谭宏,二级教授,重庆市委决策咨询专家,原重庆文理学院副校长,重庆文化遗产学院院长,重庆市非物质文化遗产保护协会副会长。现为重庆旅游职业学院特聘教学科研指导专家。主要从事经济学、管理学、民族学、人类学、非物质文化遗产等方面的研究和实践,是中国最早参与非物质文化遗产研究和保护实践的专家之一。成果曾获国家教学成果一等奖、重庆市教学成果一等奖、重庆市人文社科二等奖、重庆市科技进步二等奖等奖项。主持和参与了国家和省级科研项目10余项,出版专著10余部,在《中国社会科学》《中国非物质文化遗产研究》《文艺研究》《改革》等刊物上发表论文100余篇。

重庆是我国现在唯一的行政区域内有少数民族自治县的直辖市,在重庆市内,灵秀的武陵山脉孕育了渝东南地区包括苗族、土家族、仡佬族等众多丰富的少数民族文化,其中就有少数民族体育文化。笔者调研发现,重庆这些丰富的少数民族体育文化内容,具有极强的地域性与民族性。在当前重庆大力推动数字化建设时期,探索以数字化手段保护重庆地区珍贵文化遗产显得尤为重要。本书是重庆市教委人文社会科学项目"重庆少数民族体育文化图像志"(21SKGH216)核心成果,课题研究对重庆市的少数民族体育进行了图像的采集与整理,通过视觉图像方式对重庆少数民族体育文化进行展示,这既做到了对重庆市少数民族体育的保护,同时又促进了少数民族文化的传播。

本书共分为五个章节。第一章绪论部分主要是对重庆少数民族体育文化内容进行系统论述,并对前期相关研究成果进行述评。同时,以图像人类学的方式对少数民族体育文化图像进行解读。第二章为该书的理论部分,是对重庆少数民族体育文化的概述,主要从铸牢中华民族共同体意识、少数民族体育的竞赛历程、乡村振兴、学校体育教学等方面对重庆少数民族体育文化进行研究。第三章是以非物质文化遗产为视角对重庆少数民族传统体育进行研究。第四章是本书的核心内容,主要对重庆市辖区内黔江中塘向氏武术、土家竹铃球及芦笙舞等特色鲜明的少数民族体育项目进行图像和文字介绍。其中图像主要是以镜像方式来展示少数民族体育活动的肢体、服饰等,文字则对少数民族体育项目的历史源流、项目内容及传承人等进行介绍。第五章是根据当前社会发展背景,提出重庆少数民族体育文化发展路径。本书还有一个附录,对我国少数民族体育、非物质文化遗产的相关发展政策进行了介绍。

本书是重庆文理学院重庆市人文社会科学重点研究基地"重庆市非物质文化遗产研究中心"、重庆市高校哲学社会科学协同创新团队"人类学与非物质文化遗产研究团队"的建设成果。在成果完成过程中,重庆邮电大学、重庆市南华中学等多个单位科研人员参与了相关的调研和著录工作。

作　者

2023 年 9 月

CONTENTS **目录**

第三章　重庆少数民族传统体育的非物质文化遗产保护与传承

第一章 绪 论

一、重庆少数民族传统体育图像志的学术价值和应用价值

（一）学术价值

少数民族体育活动是少数民族特有的民族体育文化形式。重庆市是全国唯一在辖区内拥有少数民族自治县的直辖市。在武陵山脉的孕育下，重庆衍生出中塘向氏武术、打篾鸡蛋、竹铃球、上刀梯、顶杠等丰富且特色鲜明的少数民族体育活动项目，这些体育活动既有重庆少数民族文化特色，又是重庆整体地域文化的一种活态表现。从影视人类学视角对重庆少数民族体育文化图像志进行创作，让该项研究具有较强的理论意义。首先，通过本研究可以系统梳理重庆少数民族体育文化内容，很好地掌握重庆少数民族体育文化资源现状。其次，以影视人类学的图像方式对重庆少数民族体育文化进行展示，拓展了重庆民族文化研究的路径。最后，通过图像志来深入探究重庆少数民族体育活动背后的民族文化内涵，这为今后更好地保护与传承少数民族文化提供了重要的理论依据。

（二）实践价值

以图像方式系统地对重庆少数民族体育文化进行深层次研究,有着较强的实践价值。

第一,可以很好地把重庆少数民族体育文化进行视觉化的直观展示,这便于增进世人对重庆市民族文化的进一步了解。

第二,对重庆少数民族体育活动进行影像摄录,可以为重庆市更加深入地挖掘和整理少数民族体育文化提供丰富且有特色的素材。

第三,采用文化图像志方式对重庆少数民族传统体育进行研究,为重庆市其他的民族文化形式研究起到重要的实践借鉴作用。

第四,本著作将重庆少数民族体育文化风采进行了视觉呈现,这对渝东南少数民族村寨文化旅游事业发展有着重要的促进作用。

二、对重庆少数民族传统体育文化进行图像保留的意义

（一）重庆少数民族体育文化记录的创新性

少数民族传统体育是中华民族的瑰宝。在古代、近代乃至现代,关于少数民族体育的各类记录,一直是以纸质为主要载体的,而在更远的时代,少数民族体育活动则是以壁画、岩画的方式进行记录。随着时代的进步与科学技术的发展,影像工具的到来转变了以前对重庆少数民族体育文化的记录方式。最为典型的就是在人类学的发展历程中,影像工具的应用开辟了影视人类学这一全新的领域。少数民族传统体育是一种以身体运动来表现的文化形式,武术作为少数民族传统体育的优秀文化遗产之一,从现有大量文字资料来看,文字或者简单的绘图记录很难把武术的精髓进行全面展示。我国现今体系化的武学典籍主要始于明代,时至今日还一直沿用着文字、绘画记录的形式。从现有资料来

看,有关重庆少数民族传统体育活动的文字与绘画记录更是寥寥无几,许多传统体育活动只能靠口传身授来进行,时刻面临着人亡技绝的困境。现今,将少数民族武术以图片与视频记录为主的方式进行影像采集,是民族传统文化数字化的一种重要手段,也是传统文化的一种创新转化。以影像方式来进行少数民族武术的摄录,可以看作一种对少数民族武术数字化的外力手段。影像工具把少数民族传统体育的人物、活动方式及其使用器具进行了影像化的记录,这使得少数民族传统体育通过数字化手段被赋予了一种新的生命力。另外,对重庆少数民族传统体育主要是以非物质文化遗产为视角进行研究,因此对重庆少数民族传统体育以影像的数字化方式展现是非物质文化遗产的一种创造性转化和创新性发展的最好体现。从研究范式来说,借鉴民族志纪录片的方法对重庆少数民族传统体育进行研究,也是对重庆少数民族传统体育文化记录的一种创新。

(二)重庆少数民族传统体育图像拍摄对象(素材)的选择

重庆市内少数民族体育资源较为丰富,各民族各地区在生产生活实践之中产生了大量传统体育活动内容。以图像来记录重庆少数民族体育活动,是为了更加直观地将重庆少数民族传统体育文化遗产进行存留与展示。因此在拍摄和图像的选取中,首先就要对重庆少数民族传统体育内容进行选取,选取一些具有民族性、区域代表性的传统体育项目进行图像采集。

近些年,以非物质文化遗产保护手段对传统文化进行保护与传承成为一个重要途径,经过十几年的实践发现,非物质文化遗产保护手段对传统文化、民族文化保护起到了重要作用。在非物质文化遗产保护名录之中,出现了许多具有代表性的民族文化形式,少数民族传统体育又是少数民族非物质文化遗产的重要内容。对重庆市各区县、市级与国家级的非物质文化遗产名录进行系统梳理后发现,这些非物质文化遗产名录中有着许多以少数民族传统体育文化为主的文化遗产。少数民族传统体育具有极高的文化保护价值,同时也是非物质文化遗产保护关注的对象。从现今各级国家保护名录来看,众多少数民族传统文化项目被列入了非物质文化遗产保护名录,其中就包括了众多少数民族体育活动形式。

对于非物质文化遗产的认定与保护,我国有着严格的标准与科学化体系。根据我国非物质文化遗产的相关政策,对于非物质文化遗产名录的入选要求,具体如下:

第一,进行非物质文化遗产保护要有珍贵的历史、文化价值,是我国悠久历史文化发展的主要反映。

第二,保护对象要有独特性,具有高度的群体及民族文化典型特征。

第三,非物质文化遗产的保护对象要存在于特定的民族、群体、区域或者个体之中。

第四,对象是处于濒危失传状态,是亟须保护与抢救的。

第五,符合人性、顺应发展,对促进民族团结和社会进步有着重要作用。

从以上要求可以看出,非物质文化遗产的认定,对民族性、文化性和濒危性都十分看重,这也符合当前众多少数民族传统体育形式入选非遗名录的具体条件。少数民族传统体育是带有明显民族文化特征的身体运动,基于此,对重庆少数民族传统体育影像志拍摄对象的选取,大部分都是被列为各级非物质文化遗产名录的项目。首先,被列为非物质文化遗产名录的各类少数民族体育项目其本身具有较强的官方认可度。其次,无论国家级还是区级的非物质文化遗产申报与审核都有着严格的程序,因此被列为非遗名录的少数民族传统体育内容的丰富性、真实性都相对可靠,具有较强的参考依据。最后,从重庆市现今被列为国家级、市级、区县级的非物质文化遗产名录来看,涵盖了众多少数民族传统体育项目,这些传统体育项目的民族属性、地区分布都非常具有代表性。因此把这些已经被列为非物质文化遗产的项目作为拍摄对象,具有较强的科学性、学理性依据。

在拍摄对象的选取中,除了被列为各级非物质文化遗产名录的传统体育项目外，一些在当地极具特色，且流传广泛、有着较好的群众基础及动作体系，经过前期考察、了解后，也可被选为图像拍摄的对象。由此，以非物质文化遗产保护名录为基础是本书图像采集对象选取的一个主要标准。根据重庆少数民族传统体育被列为各级非物质文化遗产的项目及其特征进行分析后，拟定如下图像采集对象：

①黔江中塘向氏武术；

②石柱土家竹铃球；

③綦江芦笙舞。

图像是源于视觉认知的一种表现形式，是人类视觉感知与理解事物的主要方式。图像是事物的一种镜像反映，从远古时期开始，图像就出现在人类的生活环境之中，主要是作为一种社会活动的文化记忆与记录存在。如我国的各类岩画、壁画、石刻造像等图像形式都是对当时社会活动的记录。图像不同于文字，前者对事物的形态有着直观的视觉反映。在造纸术得到发展后，手绘图像开始成为古书记录的一种重要形式。随着影像技术的到来，图像以一种更为具体、直观的形式出现。

对少数民族文化活动采用图像形式进行记录，可以很好地把民族文化进行真实且永久性地记录。图像与文字的区别就是图像可以将事物进行直观展示，省去了人们对文字概念理解的转化过程。其中最为典型的就是清代嘉庆年间由陈浩所著的《八十二种苗图并说》，该文本被后人进行了抄录，以《百苗图》的形式流传。2004年，杨庭硕、潘盛之等学者收集了在贵州境内流传的11种抄本，汇编成《百苗图抄本汇编》。《百苗图》以图绘形式对生活在贵州的苗族人的服饰、人体形态、日常行为及各类生产生活工具等进行记载，其中的图像对后世进行苗族文化研究起到了重要的帮助。尤其是以图像方式来解读、展现民族文化的重要作品，也是图像人类学研究范畴的重要历史遗存。

图像对文化表达的重要性不言而喻，使得现今许多民族文化研究者以图像方式对民族文化进行深入研究。广西壮族民歌是广西少数民族文化最为典型的代表之一,虽然壮族民歌是非物质文化遗产,但是进行壮族民歌传承活动的人及壮族的歌圩、歌堂、歌台等进行民歌活动的场所等都是可视化的,以图像的方式有利于对民歌进行研究。《广西民歌图志》就采用了影像的方式,将广西民歌文化进行了全方位的展示,该书还将广西歌圩、歌堂、歌台、歌会、歌迷、歌手、歌师、歌王以及与民歌相关的各类节庆活动进行了图像展示,以图像方式突显民歌文化。这种以影像手段为核心的图志,以直观形式把少数民族文化以视觉形式进行了体现,既做到了少数民族文化研究的创新,又对民歌的实体文化进行了有效保护。

自从影像技术普及以来,在人类学、民族学的研究中以镜头来记录民族文化的方式逐渐增多。《中国云南两个少数民族村落影像民俗志:民俗文化在传播中的意义与蜕变》以镜头影像记录的方式对云南的泥戈村、大沐浴村进行了系统考察,两个村落的节庆、婚礼、丧礼等日常社会活动及生产生活都被用镜像进行了直观记录,同时对哈尼族舞蹈的人物、花腰傣的服饰等进行了图像研究。这种影像记录的方式对直观了解少数民族文化有着重要的作用。

(三)对重庆少数民族传统体育的视觉解读

视觉是直观感受体育文化的一种有效方式。对体育文化的感知,图像比文字具有更强的优势,这也是影像志方式被广泛应用于人类学研究的一个重要因素。重庆少数民族传统体育是地方文化、民族文化的典型瑰宝,包含了器物、精神等诸多文化层面的内涵,特别是在器物文化之中,以身体技术展现出来的各类活动方式及各类器具是一种直观性的文化表现。因此,以图像的方式对重庆少数民族传统体育文化进行记录,是对重庆市民族体育文化的一种有效的视觉解读,这对认知、理解重庆少数民族体育有着重要的意义。

(四)促进了重庆少数民族体育文化的传播

少数民族传统体育是重庆特色文化的一种体现,重庆的少数民族体育是生活在重庆市内各民族同胞在其本民族的生产实践中创造出来的身体智慧,是中华传统文化的一个重要组成部分,同时又是各民族文化的结晶。因此,重庆少数民族体育作为一种多重价值的文化内容,在重庆市不断促进本土文化发展的今天,有必要对市内的少数民族传统体育文化进行传播。视觉传播是体育文化传播的一种最优方式,因为视觉可以突破语言、文字等障碍进行直观的文化展示,这对重庆少数民族传统体育文化对外传播有着极大的促进作用。越是民族的,就越是世界的。重庆少数民族传统体育是重庆市各民族同胞在生产实践中身体智慧的结晶,因此以图像方式传播是展示重庆地域文化软实力及特色区域文化的有效途径。另外,重庆是唯一辖区内有少数民族自治县的直辖市,作为西部地区经济、文化及社会发展的重要城市,以图像方式把重庆市优秀的民族文化进行推广,更能加深其他省份及地区对重庆市民族文化、传统文化浓厚的兴趣与认知。

（五）重庆少数民族传统体育物质文化特性

被列入非物质文化遗产名录的少数民族体育活动,同时也具有物质文化遗产的特性。首先,体育运动是以身体练习为基本手段的。少数民族体育活动中的武术、竹铃球、摆手舞等都是身体文化的表现形式,身体的活动形式是身体文化的核心内容。而在少数民族体育之中,也有一些物质文化遗产的内容,如武术中使用的各类兵器,竹铃球、打篾鸡蛋中的各类器具等都是有形的物品,这些物品是少数民族体育进行身体活动的重要组成部分。无论是非物质文化遗产还是物质文化遗产的记录,以图像的形式都能直观地将身体动作与使用器具进行记录。另外,图像具有极强的跨文化表达功能。通过图像的表达,可以跨越文字与文化领域认知对文化事物进行视觉认知,并产生初始判断。少数民族体育活动是由肢体活动配合器具来完成的一种带有民族文化特征的运动形式。认知少数民族传统体育,特别是以图像形式对少数民族传统体育进行描述,可以突破文化认知的界限,通过图像用视觉感知肢体动作背后的少数民族文化内容,形成跨文化表达与传播的重要作用。

（六）重庆少数民族传统体育文化研究的述评

中华人民共和国成立以来,党和政府高度重视少数民族体育的研究工作,民族文化研究的热度一直呈上升态势,许多学者投入人类学、民族学的研究工作中。少数民族传统体育是民族文化的重要组成部分,因此少数民族传统体育一直是民族学、体育学等领域研究的一个热点。白晋湘对少数民族体育进行文化学的深入研究,形成了《民族传统体育文化学》的体系化研究。我国少数民族众多,在各民族生产生活及社会实践过程中创造出了众多物质与非物质文化遗产,少数民族体育活动就是我国众多非物质文化遗产的典型代表。刘坚以非物质文化保护为视角,对云南少数民族传统体育非物质文化遗产进行了详细研究,并提出了"8个原则、2个操作步骤、4种传承路径"的少数民族体育传承方式。少数民族体育在历史发展的长河中,一直是少数民族同胞进行社会实践活动的一种特有方式。随着时代的发展,特别是少数民族村寨发生了重要社会变迁的背景下,少数民族体育的价值功能也开始发生重要转变,少数民族体育活动开始向着自我创新发展转型。饶远对少数民族体育的旅游价值开发促进民族地区扶贫致富的意义以及具有广泛的共鸣性与参与性等优势进行了系统分析,同时还对少数民族体育旅游开发的原则进行了深入探讨。随着国家产业结构的升级与调整,少数民族传统体育开始了产业化发展之路。云南地区作为少数民族传统体育文化资源大省,体育产业化发展也走在了时代前列。

重庆是西南地区唯一的直辖市,辖区内聚居着众多少数民族同胞,以武陵山脉为聚居活动区域的重庆各少数民族同胞,在其民族的社会生产活动实践中创造出了丰富多彩的民族文化,其中重庆少数民族传统体育文化就是重庆少数民族文化中的一朵奇葩。自重庆成为直辖市以来,对其区域特色文化的研究不断增多,这使得重庆少数民族传统体育受到了许多学者的关注。

土家族是重庆市聚居人数最多的少数民族,其传统体育活动内容繁多,开展十分广泛。土家竹铃球是石柱的特色民族体育活动,许多学校都把土家竹铃球作为校本课程进行开发。陈茜对石柱县中小学开展竹铃球的情况进行了系统研究,结果指出,石柱县县委、县政府和相关部门就土家竹铃球项目在中小学发展给予政策和资金上的大力支持,石柱全县有10所中学、8所小学开展了竹铃球活动,总体开展情况良好,同时也指出文化氛围欠佳、开展方式单一、场地器材不足、教学模式陈旧等问题。土家竹铃球具有重要的教育价值,也具备在校园开展的条件。一些学者对土家竹铃球的校本课程开展情况进行了研究,肖宇翔以石柱民族中学为研究对象,对土家竹铃球的校本化发展进行了实证研究,结果表明编写校本教材、深化课程体系、组织与参与各类竹铃球竞赛是石柱民族中学成功开展竹铃球运动的重要保障,同时根据石柱民族中学土家竹铃球的发展经验,提出了校本课程教材化处理等相关发展建议。

相比其他体育项目,少数民族传统体育有着自身独特的民族文化内涵,在长期的发展过程中,少数民族传统体育活动具备极强的民族教育功能。在少数民族地区,少数民族体育成了校园体育活动的重要组成部分。重庆渝东南地区少数民族聚居较为集中,因此其区县内的许多中小学都开展了少数民族体育活动,这也引起了研究者的关注。郑重对重庆少数民族传统体育课程的价值取向进行了深入分析,同时根据重庆少数民族体育课程的特点,提出要培养学生少数民族传统体育文化理念。少数民族传统体育课程体系的构建以及健全少数民族传统体育三级课程开发体系为体育教师定期培训提供了保障机制。少数民族传统体育是中华优秀传统文化的重要组成部分,是一种极为典型的文化内容,因此少数民族传统体育的文化传承、保护与发展一直是研究者关注的焦点。重庆少数民族传统体育文化特色鲜明,内容丰富。闫学荣对重庆少数民族传统体育文化发展进行了深入研究,指出重庆少数民族体育文化发展存在传承方式单一、经济因素制约发展、观念认知薄弱等问题,同时提出了重庆少数民族传统体育文化应该全球化与多元化、保持与突出其民族特色等发展建议。文化安全是国家的整体安全观的重要组成部分,张世威从民族传统体育文化发展安全观视角出发,以重庆典型的少数民族体育项目摆手舞为个案,进行了全方位研究,认为社会变迁对摆手舞的文化空间产生了重要影响,同时指出整理改造的失范使传统体育失去了文化的本真。如何利用好重庆市丰富的少数民族体育文化也是众多学者关注的焦点。易学对国家相关政策、重庆市特有的人文地理环境与少数民族体育进行了分析,以现代社会中传承与发展西南地区少数民族体育文化为基点,提出建设重庆少数民族体育文化走廊的构想,并对文化走廊的具体举措与后续思考进行了系统概述。

近些年,随着重庆市经济快速发展,文化软实力的建设成了重庆市发展的一个重要导向,这就对重庆市特色文化的发展提出了新的要求。重庆市具有丰富的少数民族体育文化资源,因此许多科研团队以重庆少数民族体育为对象进行了系统的项目研究,其中包括国家社科基金在内的多个项目。戴晓敏主持的国家社科基金项目"我国少数民族村寨发展变迁中传统体育保护与传承机制研究"就是以重庆少数民族村寨变迁中的传统体育发展为主要内容,以田野调查法为主要方法对重庆渝东南的五个国家级少数民族特色村寨的传统体育活动发展进行了详细的研究,其中涉及土家摆手舞、黔江中塘向氏武术等重庆特有的少数民族体育活动。研究认为重庆少数民族体育文化根植于少数民族村寨之中,少数民族村寨变迁对少数民族体育的价值功能、未来发展走向及外部认知产生了重要改变。村落是少数民族传统体育生成与发展的重要文化土壤,因此对少数民族传统体育进行深入研究,必须对村落文化的形态内容给予高度关注。刘培星以有着"中国摆手舞之乡"的重庆酉阳后溪镇为研究对象,进行了少数民族传统体育与村寨文化互动的相关研究,提出了科学规划摆手舞的开发理念,发挥政府主导作用等少数民族体育与村寨文化的互动式发展机制。

渝东南地区是少数民族体育传播与发展的主要地区,一些研究围绕渝东南个别区县展开。谢德凤对重庆市秀山县的传统体育进行了系统梳理,认为秀山县的民族体育活动有多样性、娱乐性、民俗性等特点,提出了相关部门对传统体育的发展不够重视,以及经济不发达对当地传统体育发展产生制约等问题。袁峰对渝东南地区各少数民族体育活动进行调研后认为,现代体育项目的冲击、传统生活方式的改变、相对封闭的地理环境及专业人才的缺失是影响渝东南少数民族传统体育发展的重要因素。同时根据问题,提出了培养民族体育人才,建立民族体育市场等发展对策。张伟从民族传统体育与全民健身融合的视角出发,对渝东南地区的民族体育活动进行了深入研究,认为渝东南地区民族传统体育与全民健身是一种相互促进的发展关系。把民族体育融入学校体育教学一直是民族传统体育发展的一个重要方向。这也是众多关注渝东南少数民族体育研究的一个重点。王永忠在研究了渝东南地区少数民族传统体育法阵现状的基础上,探究了少数民族传统体育进入高校体育课堂的可行性,并提出了少数民族体育进高校的"引进—培养—输出—开发"路径。在渝东南地区,武陵山脉秀美的风光使得该地区旅游事业极为繁荣,因此一些学者从旅游视角对渝东南地区少数民族体育进行了研究。李怀攀从地区旅游发展的视角入手,对渝东南地区少数民族传统体育旅游资源开发进行了深入研究,提出了构建少数民族体育旅游品牌、加大基础设施投入等发展建议。

此外,还有一些研究是针对板鞋竞速这项传统体育项目开展的,虽然它不是重庆少数民族的特色体育项目,但却是少数民族传统体育的典型代表,同时也是少数民族体育运动会的常设比赛项目。重庆市也开展过相关的活动,并有相关研究成果。张雪峰对重庆板鞋竞速的发展进行了系统分析,提出了建立培训基地、加强板鞋竞速科研队伍建设、完善竞赛制度、把板鞋竞速纳入学校体育教学等对策建议。

第二章 重庆少数民族体育文化概述

一、重庆少数民族文化

  重庆少数民族同胞主要聚居于渝东南地区,以武陵山脉为核心,有着极为丰富多彩的民族文化,这些民族文化是作为直辖市的重庆最为特色的地域文化。在渝东南地区,少数民族主要聚居于黔江区、武隆区、彭水苗族土家族自治县、石柱土家族自治县、酉阳土家族苗族自治县、秀山土家族苗族自治县等地区。这些区县居住着大量的少数民族同胞,各区县对辖区内少数民族同胞除了政策上惠及外,更注重本地区少数民族文化的发展。这些地区将少数民族文化进行了非常合理的利用,将少数民族文化创新性的发展转化为服务本地区社会经济发展的重要力量,少数民族文化可以从饮食、旅游、工艺品制作等方面体现。重庆少数民族文化特色鲜明,既有本地区非物质文化遗产,也有建筑、服饰及碑刻等各类物质文化遗产。重庆少数民族聚居区除了渝东南之外,还有一些区县辖区内聚居着少数民族同胞,如綦江区的赶水镇内聚居着大量苗族同胞。荣昌区的清流镇是回族同胞的聚居区,而且清流镇的回族聚居有着悠久的历史,镇内聚居的回族居民仍然保持着回族特有的习俗,服饰、饮食及各类生活习惯等都有自身的特色。

  重庆民族文化除了保持少数民族族群特有的文化内涵外,更是在所生息的区域内吸收了大量的地域文化内涵,因此重庆少数民族文化可以看作一种带有典型地域文化特点的少数民族文化体系。

饮食习惯是民族识别的一个重要特征,由于生活环境与宗教信仰等因素,不同地区、不同民族都有着自身独特的饮食文化。重庆少数民族饮食特点及构成与其地域生态、民族互动有着重要的联系。从渝东南地域生态情况来看,气候适宜、降水量充足,且森林资源丰富,这些优渥的自然环境非常有利于渝东南地区植物的生长与动物的繁衍,这为渝东南少数民族地区提供了丰富的食材。重庆少数民族饮食结构与其民族变迁有关,渝东南的少数民族经过改土归流后发生了很大变化。在食材方面,重庆少数民族饮食主要由植物类、家禽家畜类、水产类、加工制品类及野生菌五大类构成。由于地域文化关系,渝东南少数民族的特色饮食与湖南湘西地区极为相近,特别是在饮食烹饪上,如米豆腐、社饭、油茶汤、油粑粑、土家烧饼、酸肉、糯米糍粑等特色美食。煨锅是土家族的特色饮食文化,聚居于渝东南地区的土家族同胞,喜爱以煨锅的形式来烹调食物,腊排骨、牛杂等煨锅十分常见,以鸡杂为主的黔江鸡杂是渝东南地区最为知名的美食之一。

在重庆少数民族特色饮食中,茶文化是重要的组成部分。我国少数民族历来就有种茶、饮茶的习惯,在重庆少数民族饮食文化中,茶文化同样也贯穿于饮食习惯中。土家族历来把茶作为待客的一种方式,四道茶就是一种古老的迎客茶礼。渝东南的茶文化还对其歌曲艺术产生了重要影响,如土家族的《采茶调》《姊妹采茶歌》、苗族《油茶歌》等民族歌曲。其中黔江的《六口茶》是最为脍炙人口的以"茶"为核心的民歌。除了特有的茶文化外,渝东南少数民族地区还有独特的酒文化。在中国绚烂多彩的少数民族文化中,"酒"在其中扮演着重要的角色。许多少数民族酿酒、饮酒等生产方式与生活习俗成了少数民族文化中一道亮丽的风景。聚居于渝东南地区的土家族、苗族同胞酒风酒俗特色明显。土家族同胞继承了巴人制酒的酿造工艺,咂酒、苦荞酒、小灶酒等突出渝东南少数民族同胞的特色酿造工艺,同时土家族、苗族同胞在各类节庆活动中,也有特殊的饮酒习俗。

　　在重庆少数民族文化习俗中，民族歌曲艺术也是重要的组成部分。土家族、苗族能歌善舞，在武陵山脉的灵秀山水之中，有着极为丰富的特色民族歌舞艺术。土家啰儿调、南溪号子、秀山花灯、酉阳民歌等极具特色，其中许多入选了国家级、省级非物质文化遗产保护名录。这些带有典型民族及渝东南地方特色的歌舞艺术是少数民族同胞在长期社会生产生活实践中创造出来的重要文化遗产，是民族文化的精髓所在。从现有渝东南地区的歌舞艺术情况来看，歌曲类总体分为劳动、叙事、抒情、仪式、童谣等几大类。其中劳动类与仪式类是最具渝东南民族特色的，如采茶歌、薅草歌等民间歌曲是对生产生活的一种客观反映。在仪式类民歌中，哭嫁是土家族最具特色的民族歌曲，唱哭嫁歌尤其表现在封建社会，是衡量土家女子贤德的重要标志之一。哭嫁原本是控诉旧社会包办婚姻的陋习制度与对父母的思念之情，随着时代的发展，土家族哭嫁成了一种土家婚俗特色的仪式性歌曲艺术。在各类舞蹈艺术中，秀山花灯极具特色。秀山花灯是世代生活在渝东南地区的民众创造出来的戏曲艺术形式。秀山花灯有"灯调""祝贺调""花灯歌"等类型，其中表演风格多样，演出人数也较为灵活，有一男一女的单花灯、有两男两女的双花灯，同时还有群体花灯的展演方式。虽然经过了长年的发展演变，秀山花灯至今还保留着较为古老的倾身、跳灯等仪式内容，成了渝东南少数民族地区极具代表性的民间歌舞艺术。重庆黔江的后河戏也是渝东南地区极具特色的戏曲形式，距今已经有百年历史。后河戏经过长期的发展，曲目体系较为完善，有《天水关》《二度梅》等经典曲目，凸显了地方文化特色。

　　除了歌舞艺术外，渝东南土家族的西兰普卡也是地区代表性文化内容。西兰普卡是土家族传统的手工织锦，其特殊的制造技艺独具一格，被列入首批国家级非物质文化遗产名录。西兰普卡图像内容极为丰富，包含土家人的生活习俗、信仰及各类物品等，是表达土家族传统民族文化的重要载体。

　　重庆历史底蕴悠久且文化内容丰富，特别是渝东南的少数民族聚居区，呈现多样的文化体系,同时有着大量的实体文化遗迹,其中碑刻文化极具特色。在重庆的整体文化体系中,以大足石刻为核心的摩崖造像、碑刻艺术造就了重庆特色的地域文化。在渝东南少数民族聚居区,现存大量的碑刻、摩崖石刻及楹联等,这些实体的文化载体记录了当地民风习俗、历史事件、宗教信仰等,构成了渝东南地区特色的文化内容。

随着城乡统筹的推进,重庆少数民族地区社会发展开始发生重要的转型。以往以内部自给自足型经济为主的区域,经济发展已经不能满足少数民族地区的整体发展,在乡村振兴大背景下,重庆少数民族地区得以转型发展,其中最有特色的就是重庆少数民族地区的旅游开发。重庆市辖区内土家族、苗族及仡佬族等西南地区典型少数民族主要集中于渝东南地区。渝东南地区的酉阳、秀山、黔江等地区基于武陵山脉秀美的自然风光进行了深度的旅游开发与推广,并取得了较为显著的收益。如武隆地区的天生三桥、仙女山,酉阳的桃花源、龚滩古镇,黔江的小南海等。随着城乡统筹发展的深入与乡村振兴战略实施后的显著成效,渝东南地区在旅游开发中不仅仅局限于地方自然资源的开发,还积极开发本地区少数民族文化资源,这成了渝东南各区县的重要举措之一。利用少数民族文化资源进行旅游开发,主要体现在实体性少数民族文化的包装与打造上。

（一）少数民族的建筑

少数民族文化是一个宏观性概念,包含了与少数民族相关的各类物质与非物质的内容。少数民族的建筑是少数民族最为典型的物质文化,每个民族在生产实践中,根据所聚居的地理环境,设计出了属于本民族的特色建筑。经过时代的变迁与发展,少数民族特有的建筑除了原有的居住、防卫等功能,还逐渐被赋予了旅游观光的作用。重庆市分布着许多少数民族特色的建筑,如彭水的蚩尤九黎城、酉阳的河湾山寨、黔江的板夹溪十三寨等,这些建筑成了乡村旅游的重要组成部分。

（二）重庆的少数民族村寨

在城镇化发展之前,少数民族同胞聚居的村寨是其生产生活、繁衍生息的主要土壤。随着城乡统筹的发展,原本聚居在少数民族村寨的同胞也向城镇迁徙,这就使得少数民族村寨人口出现了向外的流动。虽然人口减少,但是少数民族村寨之中的传统文化仍然有着明显的存留,特别是近几年国家对传统文化保护的推进力度不断加大,少数民族村寨焕发出勃勃生机。重庆市许多少数民族村寨成了重点保护对象。在中华人民共和国国家民族事务委员会(以下简称"国家民委")命名的首批中国少数民族特色村寨中,渝东南地区的五个区县各有一个入选,这很好地说明重庆市有着底蕴丰厚的少数民族文化。2017 年,国家民委命名的第二批中国少数民族特色村寨中,重庆有 17 个村寨入选。在 2019 年第三批少数民族特色村寨中,重庆也有 4 个村寨入选。截至 2020 年,重庆市已经有 26 个村寨入选了中国少数民族特色村寨名录(表 2.1)。这些既有上级部门对重庆市丰富民族文化的认可,同时也说明所在地区高度重视,对少数民族村寨的物质文化遗产及非物质文化遗产的保护有了非常积极的效果。

表 2.1　重庆市中国少数民族特色村寨名录

村寨名称	入选批次	入选时间
黔江区小南海镇板夹溪十三寨	第一批	2013
石柱土家族自治县冷水镇八龙山寨	第一批	2013
彭水苗族土家族自治县鞍子镇罗家坨苗寨	第一批	2013
酉阳土家族苗族自治县酉水河镇河湾山寨	第一批	2013
秀山土家族苗族自治县海洋乡岩院古寨	第一批	2013
重庆市武隆县浩口苗族仡佬族乡浩口村	第二批	2017
重庆市武隆县后坪苗族土家族乡文风村	第二批	2017

续表

村寨名称	入选批次	入选时间
重庆市武隆县石桥苗族土家族乡八角村	第二批	2017
重庆市云阳县清水土家族乡清水村	第二批	2017
重庆市奉节县云雾土家族乡码头村	第二批	2017
重庆市巫山县邓家土家族乡池塘村	第二批	2017
重庆市石柱土家族自治县金玲乡银杏村	第二批	2017
重庆市秀山土家族苗族自治县里仁镇南庄村	第二批	2017
重庆市秀山土家族苗族自治县梅江镇民族村	第二批	2017
重庆市秀山土家族苗族自治县清溪场镇大寨村	第二批	2017
重庆市秀山土家族苗族自治县溪口镇中和村	第二批	2017
重庆市秀山土家族苗族自治县雅江镇雅江居委会	第二批	2017
重庆市秀山土家族苗族自治县钟灵镇凯堡村	第二批	2017
重庆市酉阳土家族苗族自治县苍岭镇大河口村	第二批	2017
重庆市酉阳土家族苗族自治县楠木乡红庄村	第二批	2017
重庆市彭水苗族土家族自治县梅子垭镇佛山村	第二批	2017
重庆市彭水苗族土家族自治县黄家镇先锋村	第二批	2017
重庆市石柱土家族自治县西沱镇云梯街	第三批	2019
重庆市秀山土家族苗族自治县中平乡地岑村	第三批	2019
重庆市秀山土家族苗族自治县孝溪乡中心村	第三批	2019
重庆市彭水苗族土家族自治县朗溪乡田湾村何家盖	第三批	2019

　　重庆市内的26个少数民族村寨被命名为"中国少数民族特色村寨",这是国家层面对重庆少数民族文化的高度认可,更是重庆市少数民族村寨在新时代发展的一次契机。这些"国字号"的少数民族村寨,有着重要的民族文化识别特

征。首先在建筑上,这些少数民族村寨都保留了较为完整的建筑风格。其次是少数民族村寨中,仍然有着民族识别程度较高的生产生活方式。在渝东南聚居的苗族、土家族都是典型的农耕民族,因此农耕活动是其民族繁衍的重要手段。现今在少数民族村寨之中,各类农耕活动仍是留守民众重要的生活保障。

重庆的少数民族村寨除了入选中国少数民族特色村寨名录外,许多也被中国传统村落名录收录其中。传统村落,在以往又称为"古村落",是村落地址、建筑风貌与环境未发生较大改变的村落,同时还具有生活服务功能。传统村落既兼具了物质与非物质文化遗产的特征,同时又是区别于两种文化遗产的生活化遗产。传统村落是乡村的一种最为基层的农村社区组成,是人们从事生产实践与生活的重要场所,所以村落承载了传统文化最为真实的一种场域性基因。因为传统村落的重要性,所以国家对传统村落的保护给予了高度重视,颁布了多批传统村落保护名录。2012 年,根据中华人民共和国住房和城乡建设部、中华人民共和国文化和旅游部、国家文物局、中华人民共和国财政部印发的《传统村落评价认定指标体系(试行)》的标准与要求,传统村落保护和发展专家委员会评审认定了第一批中国传统村落。其中重庆市有 14 个村落上榜,在这些村落中,有 8 个村落是较为典型的少数民族村寨。截至 2022年,重庆市共有 74 个村落上榜,其中大多数村落集中在渝东南少数民族聚居区(表 2.2)。

表 2.2　渝东南地区入选中国传统村落名录

区县	村落名称
黔江区	小南海镇新建村、阿蓬江镇大坪村、五里乡五里社区程家特色大院、水市乡水车坪老街、金洞乡凤台村
武隆县	后坪苗族土家族乡文凤村天池坝组、沧沟乡大田村大田组、浩口苗族仡佬族乡浩口村田家寨、平桥镇红隆村、文复苗族土家族乡铜锣村冉家湾村

区县	村落名称
彭水苗族土家族自治县	梅子垭镇佛山村、润溪乡樱桃村、朗溪乡田湾村、龙塘乡双龙村、万足镇廖家村瓦厂坝村、鞍子镇干田村木欧水村、棣棠乡黄泥村担子峡村
石柱土家族自治县	金岭乡银杏村、石家乡黄龙村、悦崃镇新城村、黄水镇金花村、河嘴乡富民村、中益乡坪坝村、金铃乡石笋村、金铃乡响水村
秀山土家族苗族自治县	梅江镇民族村、清溪场镇大寨村、清溪场镇两河村、洪安镇边城村、洪安镇猛董村大沟组、梅江镇凯干村、钟灵镇凯堡村陈家坝、海洋乡岩院村、平凯街道贵贤村大野山寨村、隘口镇富裕村、隘口镇岑龙村、隘口镇东坪村、溶溪镇红光社区曹家沟村、官庄镇柏香村、官庄镇鸳鸯村、石堤镇水坝村、梅江镇财塘村、膏田镇茅坡社区熊家坡组、溪口镇黄杨扁担村、孝溪乡中心村、大溪乡前进村、涌洞乡新农村
酉阳土家族苗族自治县	苍岭镇大河口村、酉水河镇河湾村、酉水河镇后溪村、南腰界乡南界村、可大乡七分村、桃花源镇龙池村洞子坨、龙潭镇堰提村、酉酬镇江西村、丁市镇汇家村神童溪、龚滩镇小银村、酉水河镇大江村、酉水河镇河湾村恐虎溪寨、苍岭镇苍岭村池流水、苍岭镇南溪村、花田乡何家岩村、浪坪乡浪水坝村小山坡、双泉乡永祥村、麻旺镇亮垭村烂田沟、泔溪镇大板村皮都、板溪镇山羊村山羊古寨、可大乡昔比村、板桥乡井园村仡佬溪、麻旺镇青龙村青龙寨、麻旺镇光明村铧匠沟、大溪镇杉岭村四组、酉水河镇老柏村、酉水河镇长远村、苍岭镇岭口村杨家宅村、天馆乡魏市村宜居沟、庙溪乡庙溪村五龙村、楠木乡红霞村三组

　　从表2.2来看,重庆市少数民族村寨是其重要的组成部分,由此可见少数民族文化在整个重庆市传统文化圈中占据重要地位,也是构成巴渝文化的重要元素。

二、重庆少数民族传统体育运动

少数民族体育是少数民族同胞在社会生产生活实践中创造出来的身体文化形式,因此民族体育活动是少数民族聚居区的重要文化内容。重庆市内聚居着以土家族、苗族为主的众多少数民族同胞,其中以渝东南地区最为集中,他们在历史发展、生产生活实践中创造出了众多民族传统体育活动,这些活动很好地反映了渝东南地区少数民族文化的身体运动的内涵与表象文化特征。重庆少数民族体育项目主要分为两个大类。第一类是带有竞技性及全民建设属性的少数民族体育活动,如赛龙舟、珍珠球、抢花炮、板鞋竞速等,这些少数民族体育具有一定的普及度,是国家级、省市级少数民族运动会的常设比赛项目,也是各类节庆活动中的重要内容,因此区县及各类学校都会组织相关的训练。同时,一些少数民族体育项目还是人们日常休闲娱乐的重要方式。第二类是重庆市特有的少数民族体育项目。从现有的重庆市流传的少数民族体育活动来看,主要是以聚居在渝东南的土家族、苗族及仡佬族的体育项目为主体内容。其中最为典型的有土家摆手舞、黔江中塘向氏武术、仡佬族的打篾鸡蛋、土家竹铃球等项目。这些项目是聚居重庆市的少数民族同胞在生产实践中创造出来的文化遗产,身体活动背后具有极强的地域属性及民族文化属性。重庆少数民族体育既有大的族群特色,又有其区域的独立性。如重庆市具有代表性的摆手舞、竹铃球、打篾鸡蛋、芦笙舞等体育项目是我国土家族、仡佬族、苗族的典型体育活动;而黔江中塘向氏武术则属于重庆独有的少数民族武术项目,具有极强的区域性。重庆市现有少数民族体育活动文化价值底蕴深厚、传承体系清晰、项目开展广泛且群众基础良好,因此得到了非物质文化遗产保护机构的有效保护,酉阳的土家摆手舞被列为国家级非物质文化遗产保护名录,黔江中塘向氏武术、土家竹铃球、仡佬族的打篾鸡蛋等体育项目都入选了重庆市非物质文化遗产保护名录。

三、乡村振兴与重庆少数民族体育的发展

我国是农业大国，农业农村的发展是关系到国计民生的重要问题。2017年，党的十九大报告首次提出实施乡村振兴战略；2018年，中共中央、国务院下发了《关于实施乡村振兴战略的意见》，再次深刻指出乡村振兴战略的重要性；2021年，中央一号文件《中共中央　国务院关于全面推进乡村振兴　加快农业农村现代化的意见》指出，要把乡村建设摆在社会主义现代化建设的重要位置，全面推进乡村产业、人才、生态、组织振兴，充分发挥农产品供给、生态屏障、文化传承等功能。可以看出，乡村振兴战略是一项系统工程，需要解决农村地区多个方面的问题，由此，乡村文化也迎来崭新的发展机遇。

党的十九大以来，重庆市委、市政府深入贯彻习近平新时代中国特色社会主义思想，深入学习习近平总书记"三农"思想和乡村振兴战略重要指示精神，围绕重庆市"山城"特色，积极探索产业振兴、人才振兴、文化振兴、生态振兴和组织振兴。重庆市的各个区县也在积极探索适合自己的发展道路，并且取得了一系列的社会经济效益。在国家的指导下，重庆市探索出了一条特色的乡村振兴之路，在全国起到了模范作用，特别是涌现出了毛相林等典型人物。

（一）少数民族体育对乡村文化的振兴

少数民族传统体育是我国体育文化、传统文化的重要组成部分，对其发掘、保护、创新、推广直接关系着我国传统文化推广与体育事业发展的成败。近年来，我国持续加快对少数民族体育的推广步伐，重庆市拥有超过50个少数民族，少数民族的构成以土家族和苗族为主，此外还包括回族、壮族、蒙古族、藏族、白族等，特有的少数民族体育文化使得重庆呈现出别样的地域民族特征和本土特色。

少数民族体育项目具有极强的开发前景，能够很好地丰富乡村文化的内

涵,在社会经济和文化上有着极高的价值,但这一切都需要与乡村振兴政策相适应、相磨合。当前,重庆市许多乡村中,少数民族所居住的房屋、当地的建筑风格、民众的饮食习惯、民族服饰、宗教礼仪等仍然具有很强的特色,即许多少数民族在现代化社会的发展进程中仍然保持了自己民族所特有的民族传统模式及文化价值,这些价值正是我国漫长历史进程中独特的文化财富。可见,充分利用好当地特色民族体育项目,对加强乡村文化建设,提升农民群众的精神面貌有着重要作用。

谈到少数民族体育对乡村文化振兴的作用,比较典型的有重庆土家摆手舞。摆手舞既是土家族民众最大的民俗活动,也是土家族文化最显著的标志之一,在一定程度上是土家族民众生活的缩影,不仅包含了土家族传统摆手舞艺术,还保留了古老的祭祀、军事、体育等传统文化。例如,狩猎舞表现的是土家族居民的日常狩猎活动,包括"犀牛望月""磨鹰闪翅""跳蛤蟆"等动作;农事舞则主要表现了土家人的农事活动,有"挖土""撒种""纺棉花""烧灰积肥""织布""插秧""种苞谷"等动作;生活舞则种类更加多样,例如"扫地""打蚊子""水牛打架""比脚""擦背"等动作。它们既代表了最原始的农耕文明,也体现出了土家族同胞勤劳勇敢、民风淳朴的生活景象。如今,像土家摆手舞这样的少数民族传统体育项目仍然十分具有活力,如果能够在关注其原始传承性的基础上充分创新,基于地区特有的群众基础加强核心竞争力,必定可以大大吸引本土群众和游客关注当地的民族文化,体会特有的少数民族文化氛围所带来的巨大冲击力,丰富乡村文化内涵。

再如黔江中塘向氏武术,起源于重庆市黔江区东北部距主城约 20 千米的中塘乡。向氏为土家族首领向宗彦之后,向氏武术系家族世代传承。在明清之际,向氏祖先辗转多地后落户黔江中塘,先祖均以武将闻名,世代效力于朝廷,迁徙至黔江的向氏分支直到清末、民国时期仍有服役于县衙的捕头。在这种传承下,向氏世代习武强身,武术尤其是器械类武术既保留了大量古代战争与军队中的传统武艺,又自成套路,相传至今,形成了刀、枪、铜、棍、锤、鞭、镖、叉、拳等武术套路。显然,中塘向氏武术具有极高的历史文化价值,这片神奇的大山保留了大量土家族传统武术的信息,甚至是一些几近失传的古兵器技法。在研究向氏武术的同时,我们可以对土家族传统文化和土家族宗姓迁徙过程中与外界交流、融合的轨迹进行发掘、保护,大大助力乡村文化振兴。

(二)少数民族传统体育对乡村旅游的促进

重庆市拥有独特的历史文化底蕴、旅游资源、地理环境,加之美食和便利的交通都对旅游业有积极的促进作用。在此基础上,少数民族传统体育项目可以以重庆市的旅游平台为依托进行传承和发展,旅游平台也凭借少数民族体育的特色文化形成了特色 IP 和乡村名片。这样,少数民族传统文化的价值被大幅度地释放,能够为当地旅游产业带来一定的经济效益,促进重庆市传统文化与体育旅游互利发展。

一些少数民族体育项目可以让游客充分参与其中,进行沉浸式体验。这些项目在具有一定的竞技特征的同时,由于群众基础较好,且不受限于场地、器材、身体素质、性别等,在创新开发旅游项目方面也有较大的优势。首先,可以对项目的场地和规则进行简化,加入一些游客感兴趣的环节,如仡佬族的打篾鸡蛋,比赛双方人数相等或人数不限,在场地中央划线为"河",双方分立两边,用手拍、扣、托或用脚踢球过"河"。当人数相等时,优胜的判定标准是占领球落点以内的地盘,并将一方赶出场地为止;当人数不限时,参加者自行抢球,抢到球者获得发球权,以发球次数最多者为优胜。在参与此旅游项目时,游客可以自行选择参与的方式,尝试赢得比赛,获得各类奖励。再如土家竹铃球,每队队员中有 1 名接球员,接球员背着篓筐,其余队员用竹铃球"投篮",投中背筐 1 次得 1 分,游客可以在活动中充分体验合作的乐趣,获得成就感和认同感。诸如此类体育项目可以作为沉浸式体验和旅游项目在一些著名景点内推荐给游客,游客可以穿上少数民族的服装,在保护良好的原始少数民族建筑群中进行比赛,这种方式正是少数民族体育文化在具体开发过程中应当坚持的"政府主导,民众参与"的社会共同开发之路,也是促进少数民族体育旅游的消费需求多元化的路径之一。

此外,部分少数民族体育项目也可以作为表演类节目整合在自然风光和人文景观的旅游线路体验项目中,如土家摆手舞主要表现的是土家人生产、生活和征战的场面,集歌、舞、乐、剧于一体,具有很强的观赏性。土家族居民热情好客,每逢农闲或者节日总会聚在一起跳摆手舞,这道靓丽的风景也是广大游客前来游玩的一个重要原因。目前,黔江区、彭水县、巫山县、云阳县四个地区已经作出了相应的尝试,创建和编排了"土家摆手韵律操"进行展演。村民们也牵头组成表演队,根据不同村寨的不同特点,针对性地推出不同的表演项目,表演队邀请游客们一起参与。再如,中塘向氏武术也同样可以作为展演项目,保留部分适合大众健身的套路进行重新编排和二次开发,充分展示民族文化的精髓,树立品牌意识,融入到旅游演出和重庆市旅游产业推广中,让各地民众了解和认识。

如今,部分少数民族自治地区的村民尝试通过发布"三农"短视频的方式宣传当地体育项目,创作内容便是对乡村的美丽环境和当地的特色少数民族传统体育项目、体育文化进行宣传,利用视频的直观性,尽可能地展现乡村的少数民族体育文化特色。这样的宣传也能够为当地旅游经济的发展打下坚实的基础。

(三)少数民族传统体育对乡村教育的促进

重庆市少数民族众多,少数民族的体育项目也种类繁多,这些都可以作为中小学体育课程的资源,服务于中小学体育教育。在中小学中开展和推广少数民族传统体育教育,不仅有利于体育项目自身的传承,也能够最大限度地发挥体育对人的教化作用。

以中塘乡小学为例,近年来,中塘向氏武术在中塘乡小学成功开展。在武术发展的数千年历史长河中,一向注重礼仪、讲道德,所谓"学艺先学礼,习武先习德"。许多学生在当地武术之乡的氛围中成长起来,对武术进校园活动的积极性很高,在每日习练武术、提升身体素质的同时,也对当地的武术文化、传统文化有了一定的了解,增强了民族认同感,提升了文化自信,在潜移默化中习得做人、做事的道理。这样一来,向氏武术不仅做到了在校园中蓬勃发展,也大大促进了学生的身心健康成长。

在课堂教学方面,少数民族体育项目在进入中小学校园时,还可以充分关注学生的课外时间,在校园中建立俱乐部,以此作为课堂教学的延伸。在这种模式下,学生可以更好地发挥主观能动性,根据自己的喜好和当地的实际情况选择感兴趣的少数民族体育项目,教师在俱乐部中仅提供指导、设计和组织的服务,将主体地位还给学生。这样,学生在俱乐部中不仅能够掌握少数民族体育项目的基础技能,使身体得到锻炼,还能够在以老带新、推广设计宣传活动、组织竞赛的过程中了解和丰富项目相关的传统文化知识,增强组织能力和团队协作能力,更好地以学生的视角将体育项目推广出去,形成独特的校园文化氛围。

校园运动竞赛的组织和开展是宣传和传承少数民族传统体育的重要途径,重庆市在这方面做得比较出色的案例是石柱县的中小学。石柱县近年来在18所中小学大力开展竹铃球运动,各学校组建了自己的竹铃球运动代表队,定期参加县里举办的竹铃球赛事及其他大型少数民族体育赛事。此外,以石柱县民族中学为代表的学校还成立了竹铃球运动教研组,成功地编写了专供中小学使用的竹铃球教材并应用到各所学校,后续还计划将该教材推广至其他县市。在组建队伍并组织开展赛事的过程中,学生能够在代表学校参加比赛时获得自信心,并对该项目产生兴趣。对于项目本身而言,大量的学生、群众通过观看赛事和为本校本土队伍助威这样的参与方式增长见识,为该民族体育项目提升了关注度,这样一来便能够很好地实现少数民族传统体育的可持续发展。

（四）少数民族体育对民族节庆活动的丰富

少数民族体育是各民族同胞在生产实践与社会生活中产生的一种文化形态，在以少数民族村寨为主体的场域环境下，少数民族体育活动在节庆活动中起到了不可代替的作用，这也是少数民族体育的重要功能。在渝东南少数民族聚居区，每逢各类节庆之时，体育活动都承担了重要角色。渝东南的各少数民族在传统节日时，摆手舞是其主要的庆祝方式。特别是在摆手舞最为普及的酉阳，摆手舞成了烘托节日喜庆气氛、增加节日庆典的重要方式。除渝东南外，少数民族体育在其他民族聚居区的节庆活动中也有着极为重要的地位，是最具民族特色的庆典活动。如綦江赶水镇的梅子村，在 2023 年春节期间，依托本地区极具特色的苗族文化内容，进行了极具民族特色的活动，其中芦笙舞活动贯穿其中，在芦笙演奏的美妙音乐的配合下，各种幽默的舞蹈动作成了春节活动的一个亮点。此次活动央视新闻等媒体给予了极大的关注，进行了视频直播，很好地宣传了重庆市极具特色的民族文化。重庆少数民族传统体育活动是许多传统节日的重要组成部分。如秀山县梅江镇的民族村，至今保留了原汁原味的苗族文化传统。该村每年四月初八定期举办的"苗王节"已经成了当地甚至是整个重庆市的特色文化项目。在 2014 年的首届苗王节中，传统体育活动成了一个特色亮点，贯穿整个节日庆典中。"苗王节"当日，在民族村的民族小学操场上，竖立着一个苗族的刀体杆，由村民先表演上刀梯仪式，再到登梯、下梯等全套的上刀梯活动。上刀梯是苗族最具特色的传统体育活动，以惊险刺激、观赏性强为人们所喜爱，重庆苗王节中的上刀梯极大地增强了其文化内涵。除上刀梯外，民族村举办的苗王节上，还有一项民族体育运动成为亮点，那就是传统的斗牛活动。斗牛是苗族、侗族等少数民族最具特色的传统体育活动，在苗王节中，民族村在空地上进行多场斗牛比赛，让参加节日庆典的苗族同胞及外来游客领略苗族传统体育的独特魅力，同时又极大地增强了传统节日文化内涵。

四、重庆少数民族传统体育与重庆市学校的体育教学

民族传统体育的文化传承与发展一直与学校体育教学呈相互促进的态势。从近代开始，许多学校就开设了武术、摔跤及射箭等科目，这是少数民族传统体育早期融入现代教育的萌芽。在中华人民共和国成立之后，党和国家对少数民族传统体育高度重视，1953 年在天津举行了以民族传统体育为主要内容的全国民族形式体育表演及竞赛大会，将武术等传统体育活动进行了集中展示。随着时代的发展，以武术为代表的民族传统体育逐渐成为学校体育教学的重要组成部分，担负着文化传承与促进学生身体锻炼的重任。重庆少数民族传统体育能得到较好的传承与发展，与本地区特别是少数民族聚居地区在各级学校大力开展少数民族体育项目有很大关系。在学校中有效开展少数民族体育项目是重庆少数民族体育得以传承的重要保障。

（一）重庆少数民族传统体育在学校体育教育中开展的优势

重庆少数民族传统体育在学校体育教学开展，从区域和项目本身来看有着极大的优势。

第一是强烈的文化认同感。在民族体育流传地区的中小学开设与其相关的课程，其最大的优势就是学生对这些传统体育项目有着极强的文化认同感，这些体育项目都是学生在成长过程中耳濡目染的，有些甚至是他们生活中的重要组成部分。把这些项目引入体育活动，更能激发学生的学习兴趣与参与兴趣，在活动过程中提升他们对本民族文化、地方文化的高度认同，从而为建立文化自信打下重要基础。

第二是易于开展。对于体育教学，特别是不发达地区的学校体育教学来说，选择开设的体育项目对场地、设施及师资的要求是重要的参考标准。对场地要求低、器材简易、简单易学、易于开展的项目是许多偏远地区中小学体育项

目开展的首选。重庆市的诸多少数民族传统体育项目,对场地、器材要求较低,无论是在乡村还是城镇的中小学都易于开展。而且这些少数民族传统体育项目简单易学,教师通过短期培训就能很好地掌握项目运动技术与教学方法,并进行教学活动。如中塘向氏武术,学生练习的武术器械就用日常生活中的长凳即可,练习场地也不受限制;摆手舞更是在各种场地都可以开展练习。

第三是强身健体。通过学校的体育课程进行体育锻炼来提升学生身体素质,并教会学生科学的健身方法是学校体育教学的核心目标。少数民族传统体育虽然来自各民族的生产生活实践,但是其大部分的项目具有极强的强身健体功能。重庆市众多少数民族传统体育项目,都有极为明显的健身功能,如中塘向氏武术、土家摆手舞等。长期进行这些体育项目对身体机能的提升有着重要的价值。所以把重庆传统体育活动融入各级学校体育教学,学生通过练习这些体育项目可以很好地提升身体素质,从而达到强身健体的目的。

第四是文化传承。重庆少数民族体育项目在学校体育教学的开展中,除完成体育教学目标外,更为重要的是通过民族体育项目的教学达到文化传承的目的。少数民族传统体育,自身就带有文化资源优势,其身体活动背后有着浓厚的少数民族文化内涵。重庆少数民族传统体育传承了土家族、苗族及仡佬族等优秀的民族文化,其项目在学校进行教育的过程就是一种文化传承活动。

(二)重庆少数民族传统体育的学校体育教学实践

少数民族传统体育来源于少数民族的生产生活实践,如果要在常规的学校教育中进行传承,就要对少数民族传统体育项目进行革新。实现在学校的传承目标后,少数民族传统体育项目要更加符合学校教育标准,做到体系化与规范化,其体育项目的价值导向更加符合学校体育教学的总体目标。如中塘向氏武术在中塘乡小学开设体育课程后,中塘向氏武术开始向着现代教育项目转型,逐渐丧失了原来招式之中军事搏杀的功能,转变为教授学生强身健体、自卫防身的运动形式。中塘向氏武术的传承人向国珍在学校进行中塘向氏武术的教学与安保工作,针对中塘向氏武术在小学进行传承的目标,潜心多年,与其他老师一起设计出了较为完善的教学体系和极具特色的中塘向氏武术大课间活动,使中塘向氏武术真正融入小学教育课程体系中。

除了在中小学传承外,中塘向氏武术还走进了大学。重庆文理学院于2014年12月邀请向氏武术传承人向国珍到学校交流,并接收校武术队队员杨振攀为徒弟。在收徒过程中,还举行了传统的拜师礼,让传统武术的经典文化在高校进行展示。除了收杨振攀为徒外,向国珍还将武术技艺传授给了重庆文理学院武术队的学生,这些学生学习了中塘向氏武术后,就成了该拳种的传承者,让中塘向氏武术这一少数民族武术拳种得到更为广泛的传播。杨振攀在习得中塘向氏武术后,利用中塘向氏武术的四明拳与"五虎下溪"等招式在重庆传统武术精英赛中分别获得了分区赛第一名及总决赛第三名的好成绩。这是中塘向氏武术第一次出现在省级比赛中,其武术技艺得到更为广阔的展示。2014年,在重庆文理学院承办的"中俄青年文化艺术交流活动周(中国·重庆)"传统体育文化展演部分,杨振攀在来访的俄罗斯嘉宾与友人面前,展示了中塘向氏武术(图2.1),使流传于重庆少数民族村寨的传统武术得到了更大范围的传播。

图2.1　杨振攀展示向氏武术的"五虎下溪"

  土家竹铃球也是以学校体育教学为依托发展起来的。石柱县民族中学是土家竹铃球发展的一个重要平台，从项目的整理与挖掘、中学课程研发，再到后面的推广，学校师生做出了重要的努力。石柱县民族中学副校长金成刚长期从事土家竹铃球的整理、教学与训练工作，根据调研与实践经验，在现有基础上对土家竹铃球的规则体系、课程体系与训练体系进行完善，使土家竹铃球更具备现代体育特征。石柱县民族中学成了土家竹铃球发展的土壤，正是因为石柱县民族中学这一重要载体，土家竹铃球成功入选市级非物质文化遗产名录。石柱县民族中学因为坚持以土家竹铃球项目为抓手，走少数民族体育特色化发展路线，学校被授予"重庆市竹铃球训练基地""重庆市民族教育特色校园"称号，同时土家竹铃球也成功申报重庆市高中百门精品选修课程建设项目，石柱县民族中学成为重庆市非物质文化遗产（竹铃球）保护与传承传习所。

  重庆市秀山县梅江镇民族村是典型的苗族聚居区，位于民族村的秀山县民族小学是重庆市少有的还使用苗语教学的学校，秀山县民族小学依托民族村的文化特色，把苗族文化很好地融入学校的整体教育之中，其中包含苗族鼓舞等体育活动。

  打篾鸡蛋的传承与发展，也是在学校体育中传承与发展的。重庆武隆区浩口小学秉承以校园为平台进行地方文化传承的理念，在校园开展打篾鸡蛋的活动，并且对相关传承人进行培养，使仡佬族传统文化通过学校进行传承，在锻炼学生身体的基础上进行优秀传统文化的传播。打篾鸡蛋能进入市（省）一级的非物质文化遗产保护名录，与其在学校进行广泛传承有着重要的联系。

  土家摆手舞是渝东南地区最为普及的一项传统体育活动，除了体现在全民健身上，更是很好地融入学校体育教学，成为众多学校体育课程及大课间活动的一部分。

五、重庆少数民族传统体育的竞赛历程

　　少数民族体育活动的一个主要特点就是文化的交流。我国十分重视少数民族体育运动会的发展,全国性、省级的少数民族传统体育运动会已经形成了长效性的发展机制。每届少数民族体育运动会都是各民族同胞进行交流的一次重要机会,也是体现我国民族大团结的一次盛宴。虽然少数民族体育运动会的许多常设竞赛项目都引入了现代体育的规范,但仍然保持了民族文化的特点,因此在少数民族传统体育比赛中,既是竞技比拼,更是各民族同胞进行交流、文化认知的一种重要方式。重庆作为西部地区唯一的直辖市,辖区内少数民族同胞众多,因此自重庆直辖以来,对少数民族体育运动会给予了高度重视,每届比赛前重庆市民族工作相关部门都做了大量的准备工作。从近几届全国少数民族传统体育运动会重庆代表团取得的成绩来看,重庆少数民族传统体育竞赛水平处于全国上游。在近三届的少数民族体育运动会中,都取得了极为优异的成绩。

　　在 2011 年贵州省贵阳市举办的九届全国少数民族传统体育运动会上,重庆代表队的运动员奋勇拼搏,获得众多奖项。其中竞技项目获 7 个一等奖、35 个二等奖、20 个三等奖,奖牌总数 62 枚、名列全国第 4 位;表演项目获 2 个二等奖、3 个三等奖,并获得"体育道德风尚奖"。该次赛会取得的成绩是重庆参加全国少数民族传统体育运动会历来最好成绩。2015 年,在内蒙古鄂尔多斯举办的第十届全国少数民族运动会上,重庆代表团参加了陀螺、武术、高脚竞速、板鞋竞速、独竹漂、木球、龙舟、珍珠球、秋千、押加、民族式摔跤等 14 个竞赛项目,同时也参与了土家竹铃球、抢天地球、花灯操等 5 个表演项目。最终,重庆代表团获得一等奖 23 项、二等奖 39 项、三等奖 15 项,成绩仅次于东道主内蒙古代表队。重庆代表团在全国少数民族体育运动会中的各项成绩取得不断突破后,更加重视少数民族传统体育的传承、保护及训练活动。在 2019 年河南郑州举行

的第十一届全国少数民族体育运动会中,重庆代表团获得了一等奖 11 项、二等奖 25 项、三等奖 30 项,成绩居全国前列。重庆市在少数民族体育竞赛方面取得的成就,是体系化、科学化发展少数民族体育的重要成果体现。重庆市在组队参加全国少数民族体育运动会前,都要进行系统的备战与严格的选拔。重庆少数民族体育的成就也引起了上级主管部门的关注,2020 年在国家民族事务委员会的官网上以《重庆市多措并举推进少数民族传统体育项目推广普及》对重庆少数民族体育发展经验进行介绍(图 2.2)。文中指出在重点区县、中小学、高等院校推广普及民族体育,在少数民族特色村镇展演民族体育以及在少数民族传统体育基地发展提升民族体育等三条重庆特色模式的少数民族体育发展经验。

图 2.2　重庆市多措并举推进少数民族传统体育项目推广普及

在重庆少数民族体育发展过程中,重庆市分布的各少数民族体育训练基地作用明显。各少数民族体育训练基地充分利用自身的教练师资、场地等优势,在少数民族体育项目训练、人才培养及科学研究方面发挥了重要作用。重庆市黔江区少数民族体育训练基地进入国家民委、国家体育总局联合命名的首批 12

个"全国少数民族传统体育示范基地"名单。为了更好地对基地进行建设,重庆市民族宗教事务委员会评选命名西南大学体育学院、合川龙舟基地、酉阳职教中心、重庆人文科技学院、石柱县民族中学5个单位为"重庆市少数民族传统体育基地",以进一步推进重庆少数民族体育竞训事业的发展。

除了重庆市相关职能部门对少数民族体育活动重视外,重庆市的大中专院校也积极开展少数民族体育活动,在"重庆市少数民族传统体育基地"中,有两所高校、两所中学。除了被命名的基地外,重庆文理学院、重庆旅游职业技术学院等高校也承担了少数民族体育项目的备战任务,常年组织抢花炮、珍珠球、陀螺等项目的训练,定期组队参与国内的各项赛事并获得了较好的成绩。除此之外,一些学校为了更好地促进少数民族体育竞技水平,也举办了专门的少数民族体育运动会。如重庆人文科技学院,截至2021年,已经连续举办了十八届校级少数民族体育运动会,该校的赛会已经形成长效机制,是学校民族团结进步教育的重要品牌。校内比赛既锻炼了队伍,促进了优秀运动员的选拔,也是在高校中弘扬民族优秀传统文化,促进各民族同学相互交流的一种重要方式。

竞赛取得的优异成绩,是检验体育运动开展好坏的一个重要指标,重庆市代表团在近几届少数民族体育运动会中取得优异成绩是重庆少数民族传统体育工作的显著成绩,更是重庆市民族工作的一个亮点。重庆少数民族传统体育通过赛事平台向全国展现了其特殊的文化魅力,既是一种区域文化的有效传播,同时也是重庆少数民族传统体育在当今时代体现自身价值的有效方式。

六、重庆少数民族传统体育与铸牢中华民族共同体意识

多元一体一直以来就是中华民族的显著特征,各族同胞在历史发展的长河中共同创造了璀璨的中华文明。自从中华人民共和国成立以来,党和国家高度重视民族团结工作。特别是党的十八大以来,以习近平同志为核心的党中央高

度重视民族工作。2021 年 8 月 27 日至 28 日，习近平总书记在中央民族工作会议上指出"铸牢中华民族共同体意识，就是要引导各族人民牢固树立休戚与共、荣辱与共、生死与共、命运与共的共同体理念"。2022 年 3 月 5 日，习近平在参加内蒙古代表团审议时强调，"民族团结是我国各族人民的生命线，中华民族共同体意识是民族团结之本"。2022 年 7 月 12 日至 15 日，习近平总书记在新疆考察时强调"要铸牢中华民族共同体意识，促进各民族交往交流交融"。习近平总书记始终高度重视民族工作，反复强调要努力促进各民族大团结、铸牢中华民族共同体意识。少数民族传统体育是各民族同胞创造出来的重要文化遗产，是以中华民族优秀传统文化为主线而进行发展的。虽然每一个体育项目都有各民族独特的文化特色，但是其文化内核确实有着高度的趋同性。纵观我国少数民族传统体育的历史文化变迁，各个民族的传统体育活动都有着重要的共享共识的文化符号。这些身体文化符号是各民族同胞智慧的结晶，同时更是我国民族共同体意识构成的重要载体。少数民族传统体育研究，虽然是对各民族体育活动的解读，但是从深层次看，是对中华民族文化共性的一种拓展性研究，通过少数民族传统体育的社会活动与文化传承，进一步铸牢中华民族共同体意识。

重庆是西部地区唯一的直辖市，也是西部地区的重要中心城市，对整个西部地区的发展有着重要的辐射作用。渝东南地区少数民族众多，且具有极强的文化特性，重庆少数民族体育在促进民族文化认同方面有着不可代替的作用，重庆作为国家中心城市在民族工作方面势必要进行引领。西南地区是我国少数民族主要聚居区，云南、贵州、西藏及四川等省（区）居住着大量的少数民族同胞，是我国少数民族文化重要聚集区。少数民族文化既代表了本民族文化的特色，同时又是国家珍贵的传统文化遗产。民族文化遗产在一个国家的文化建构及文化发展过程中起到了不可代替的决定性作用。渝东南地区丰富的少数民族文化内容构成了重庆境内多元的文化体系，同时也为在重庆市开展民族工作，特别是铸牢中华民族共同体意识提出了更高的要求。

少数民族传统体育是民族文化的重要组成部分,是少数民族同胞日常生产实践过程中不可代替的环节。少数民族同胞从事农耕劳作、开展节日庆典等社会实践都对少数民族体育产生了影响。少数民族体育除了其文化价值外,更有促进本民族内部及与其他民族之间相互交流的重要作用。少数民族体育的文化交流功能在促进各民族交流中有着极为重要的作用,最为明显的就是少数民族体育活动的互动性。体育运动与竞赛本身就有极强的文化交流作用,特别是在一些集体项目中,团队交流作用就更为明显。重庆少数民族体育自然而然地承担起本地区民族交流的重要任务。重庆市典型的传统体育项目摆手舞、土家竹铃球及打篾鸡蛋等都有着团队性的运动特征。在当前铸牢中华民族共同体意识的大背景下,少数民族体育活动彰显了其促进民族交流团结的重要作用。如土家竹铃球虽然是源于土家族的民族体育项目,但是在其发展过程中却是各民族同胞共同参与、共同促进发展的。在校园传承与普及中,土家竹铃球是所有在校学生共同参与且喜爱的项目。仡佬族的打篾鸡蛋民族文化特征明显,但是在学校的开展可以使更多不同民族的学生都参与其中,并领略其运动项目背后的文化魅力,从而形成对本土文化的高度认同。

摆手舞主要是以群体方式进行的集体活动,特别是以跳广场舞的方式融入摆手舞,各族群众都积极参与,在这种群体活动中,各民族同胞增进了友谊,加强了彼此的联系。土家竹铃球和摆手舞一样,也是土家族先民在生产生活实践中创造出来的重要文化遗产,虽然土家竹铃球带有明显的土家文化特征,但却是一项各族同胞都十分喜爱的体育活动。无论是土家竹铃球在学校体育中的开展,还是在各类民族体育竞赛中,都是各民族同胞共同参与的,而且竹铃球多人比赛更讲求通过团队配合来获取比赛胜利。以团队配合为纽带,加深了各族同胞的互信与友谊。

重庆少数民族主要聚居于武陵民族走廊,土家族、苗族及仡佬族等民族长期生活在一个特有的文化环境下,多民族文化进行了深度交融,所以在体育活动中产生了共同共享的文化符号。少数民族武术可以看作我国少数民族体育的一个典型代表,也是最为典型的共享共识身体文化符号。如中塘向氏武术作为少数民族武术,在其身体活动中带有明显的搏杀特征,苗族武术、仡佬族武术、畲族武术、侗族武术等民族武术都是以技击为核心,这也是中塘向氏武术最为典型的特征。作为重庆最具特色的少数民族体育活动,中塘向氏武术很好地继承与保留了传统文化特征,这种身体文化的趋同性,形成了与其他民族共有的文化符号特征。

土家摆手舞是重庆市最为典型的少数民族传统体育项目,入选国家级非物质文化遗产名录,但是土家摆手舞不是重庆的"特产",在湖北、湖南及四川等地都有关于土家摆手舞的活动,而且活动形式趋同性极强,这很好地体现出不同地域环境下同一民族文化的相同性。土家摆手舞虽然是土家族的传统体育项目,但是经过长期的演变,已经从农耕、军事、祭祀等多种文化形态演化成了一种适合于广大人民群众共同参与的休闲娱乐健身项目。在渝东南地区,摆手舞已经成了广大人民群众都喜爱的休闲娱乐项目。各族同胞通过土家摆手舞增进了交流,增强了对民族文化的认识。

少数民族体育是促进民族团结,铸牢中华民族共同体意识的重要纽带。在教育方面,各族学生群体在集中的教育场域下通过少数民族体育平台进行交流学习,增进了民族文化认同与友谊。在全民健身方面,重庆市的多个民族体育项目已经成为各族群众喜闻乐见的休闲健身项目,通过民族体育活动的开展,铸牢中华民族共同体意识。在竞技体育方面,重庆市主管部门积极组织各族同胞参加比赛,在竞技场上各族同胞团结一心、努力向上,通过在民族体育竞技活动中共同拼搏增进交流。重庆少数民族体育的传承与发展是推动中华民族共同体意识走深走实的重要手段,是重庆市各民族同胞共同共享的重要文化符号。

第三章　重庆少数民族传统体育的
非物质文化遗产保护与传承

少数民族传统体育活动是一项以身体运动为主构成的非物质文化遗产，少数民族传统体育研究时，要立足于非物质文化遗产的保护之上，因此进行重庆少数民族传统体育研究时，应体现非物质文化遗产保护在少数民族传统体育活动中的重要性。另外，进行重庆少数民族传统体育的图像拍摄，其选取对象是基于各级非物质文化遗产保护名录来确定的，因此要对重庆少数民族传统体育的非物质文化遗产情况进行系统分析，为整体性研究提供理论基础。

一、重庆少数民族体育的非物质文化遗产保护

我国是一个文化大国，非物质文化遗产极为丰富，党和国家高度重视非物质文化遗产保护工作。我国颁布的《中华人民共和国非物质文化遗产法》，为我国非物质文化遗产保护与传承奠定了法理基础，极大地促进了我国非物质文化遗产的保护与传承工作的进行。国务院于 2006 年公布了第一批国家级非物质文化遗产保护名录。重庆市作为国家重要中心城市，也非常重视非物质文化遗产保护工作。重庆市非物质文化遗产保护中心于 2005 年成立，致力于重庆市非物质文化遗产的研究、保护等工作。重庆市于 2007 年公布了第一批市级非

物质文化遗产保护名录,这标志着重庆市内的各类非物质文化遗产保护工作开始稳步推进。《重庆市非物质文化遗产条例》于 2012 年开始正式施行,条例的出台对于重庆市非物质文化遗产保护工作而言是有力的加强。高校作为当前社会科学研究的主力军,也积极地参与到非物质文化遗产的保护工作中,以重庆文理学院为依托的"重庆市非物质文化遗产研究中心"于 2013 年正式获批重庆市人文社会科学重点研究基地,这促进了更多高校科研人员开始关注非物质文化遗产的保护与传承工作。经过相关人员的共同努力,重庆市非物质文化遗产保护工作一直呈现向好态势,许多区县形成了以非物质文化遗产为特色的文化产业集群,如荣昌地区的陶艺、武术等都极具特色,成了地方特色文化品牌。近些年来重庆市在非物质文化遗产档案保护方面也不断加强,逐步完善了重庆市非物质文化遗产保护与传承的机制建设。

经过多年的实践,采用非物质文化遗产保护的手段来保护以武术为主的传统体育活动,取得了较好的效果。证明了非物质文化遗产保护方式的有效性及时效性,同时也是保障传统体育文化有效传承的一种方式。重庆市第一批市级非物质文化遗产保护名录于 2007 年公布,在第一批名录中,黔江中塘向氏武术成功入选,开了重庆少数民族传统体育被列入市级非物质文化遗产保护名录的先河。在重庆市后几个批次的市级非物质文化遗产保护名录中,多个少数民族特色体育项目入选。如土家竹铃球、仡佬族的打篾鸡蛋等,都入选了市级非遗名录。这些少数民族体育项目入选非物质文化遗产保护名录,既是对该项目传承体系、文化厚度的高度认可,也是政府机构给予这些项目的特殊"身份"。入选市级非物质文化遗产名录的少数民族体育项目,不仅具有特色鲜明的民族、地域文化属性,而且具有良好的传承范围与传承脉络,是重庆少数民族文化遗产的典型代表。如中塘向氏武术,作为重庆唯一的少数民族体系的武术形式,具有极强的地域文化与民族文化双重属性,是巴渝武术文化的一朵奇葩。另外,近些年来重庆市级非物质文化遗产保护名录中有众多传统体育项目入选,也说明重庆市对辖区内的少数民族文化、民族体育文化给予了高度重视。除了入选市级非物质文化遗产保护名录外,一些少数民族体育项目也进入了区县级的非物质文化遗产名录,同样得到了较好的保护。

重庆少数民族体育的非物质文化遗产保护,首先是使相关项目传承人获得了大的发展空间。中塘向氏武术传承人向国珍成为市级传承人后,无论从社会知名度还是个人能力方面都得到了很好的提升,非物质文化遗产保护为传承人提供了重要的上升台阶。其次是体育项目本身得到了重视。土家摆手舞成功入选国家级非物质文化遗产保护名录后,得到了各级政府部门的大力支持与社会的广泛关注,使得重庆土家摆手舞从传承人到项目的"活态化"延续,都得到了极高的重视。最后是项目知名度的提升。中塘向氏武术、打篾鸡蛋、土家竹铃球等少数民族体育项目入选各级非遗名录后,各类媒体报道不断增多,相关科研院所及高校加强了对这些项目的研究,产生了许多成果,为重庆少数民族体育保护工作提供了重要理论基础。土家竹铃球是重庆土家族代表性的传统体育项目,在渝东南地区得到广泛开展,具有极强的历史文化底蕴与群众基础,2010年土家竹铃球入选石柱县县级非物质文化遗产名录,其文化价值得到高度重视,更进一步地促进土家竹铃球在学校体育及全民健身中的开展。经过以石柱民族中学为代表的民族体育工作者不断努力,土家竹铃球于2019年成功入选市级非物质文化遗产名录,获得了更多的关注与认可,为土家竹铃球的发展提供了重要的保障。值得一提的是,由武隆区申报的浩口仡佬族传统体育项目打篾鸡蛋,也成功入选了市级非遗名录,这使得重庆少数民族体育项目在非遗保护的版图中进一步扩大。

二、重庆少数民族传统体育非物质文化遗产的传承情况

文化传承是重庆少数民族体育非遗发展的一项重要举措,同时文化形式的传承也是非物质文化保护的一项常规工作。各级非物质文化遗产保护名录中的重庆少数民族体育项目的传承情况总体情况较为良好,其特点就是许多民族

传统体育活动在学校得到了很好的传承。众所周知,学校是教育资源、教育者与被教育者的集中场域,具有极好地进行文化传承的硬件条件。另外,少数民族体育具有极强的区域文化特征,这些体育活动很多都是居民、青少年儿童从事休闲娱乐的主要方式,因此在学校开展这些体育活动,可以增强青少年儿童的文化认同感,让学生在文化认同的基础上,更好地进行体育锻炼,提升自身身体素质。少数民族传统体育除了具有极强的文化功能外,更为重要的是其本原——体育功能,通过这些少数民族体育项目的锻炼,能起到强身健体与立德树人的重要作用。

摆手舞作为重庆市最为典型的民族体育活动,在中小学得到了极好的传承,酉阳作为摆手舞之乡,许多小学都把摆手舞纳入课程体系中,并编撰摆手舞的课程大纲与教案。除酉阳外,其他地区的摆手舞活动在学校教育中也是遍地开花。石柱县于2022年举办了春季中小学生"传民族文化·展土家风情"的土家摆手舞比赛,秀山县、云阳县等地区的许多小学都把摆手舞作为学校课程的一部分。重庆的摆手舞通过学校这个特别的平台传承,传承活动具有较好的集中性与针对性,特别是融入中小学教育体系的摆手舞,更具有现代教育的传承性,为培养素质更好的传承人打下重要基础。

作为重庆特有的少数民族传统体育的中塘向氏武术,一直在其传承地黔江中塘乡中塘小学进行传承,其传承人向国珍自创了校本课程、特色大课间等特色教学内容。经过多年的建设,向氏武术已经成为该校的一个品牌性项目。石柱县民族中学很早就开展了土家竹铃球活动,而且该校在开展活动的同时还承担了土家竹铃球的文化价值挖掘与整理工作,其项目成为市级非物质文化遗产,就缘于该校前期做了大量工作。武隆地区的浩口小学,依托本地区仡佬族文化优势,在学校进行市级非物质文化仡佬族的打篾鸡蛋的传承,除打篾鸡蛋外,竹竿舞等民族文化也成了学生课内外学习的重要内容。除这些市级少数民族体育非物质文化遗产得到传承外,重庆市的其他少数民族体育活动也在中小学教育阶段得到传承,既丰富了学校体育课程,又很好地传播了本地区的民族文化。

　　除了在学校传播外，重庆的这些少数民族体育非遗文化项目也在社区得到很好的传播。如摆手舞，成了渝东南及其他地区少数民族同胞最为常见的一种健身活动。以往摆手舞作为土家族的一种具有特殊文化价值的民族体育活动，流传范围、活动时段极为有限，但是随着时代的发展与少数民族村寨的变迁，摆手舞的社会价值已经开始发生重要转变，从以往的宗教祭祀、田间娱乐演化成了一种休闲娱乐的健身方式。在渝东南少数民族聚居区的居民日常广场舞活动中，摆手舞随处可见，酉阳河湾山寨的舍巴广场、黔江板夹溪十三寨的田家大院都是摆手舞活动的重要场所。许多地区都把摆手舞作为广场舞活动的一部分，摆手舞已然成为全民健身的热门选项。这种群体性的摆手舞活动的开展，很好地促进了非物质文化遗产在基层群众中的传承。除摆手舞外，中塘向氏武术、土家竹铃球、打篾鸡蛋等项目也在全民健身活动中得到普及。

　　在非物质文化遗产传承的过程中，传承人是整体传承体系的关键。人的社会活动赋予了非物质文化遗产重要的生命力，使其发挥了重要的价值。非物质文化遗产的传承，以人为根本，是一种活态化的传承方式，充分发挥传承人的作用，在身体技艺的演进过程中进行技能传习与文化传承。非物质文化遗产的保护，其特点之一就是对代表性传承人的认定，给予项目主要传承者一个官方权威机构认可的身份，这对传承人在推动非物质文化遗产发展及进行各类社会活动时有着极为重要的作用。另外，传承人的认定也赋予传承者一种特殊的责任感与使命感。如中塘向氏武术传承人向国珍在成为重庆市级非遗文化传承人后，在各级学校积极开展传承活动，特别是把中塘向氏武术带入大学校园，使其传承平台达到一个新的高度。土家竹铃球能成为市级非物质文化遗产并得到广泛传承与发展，石柱民族中学的金成刚作出了重要贡献。2022年金成刚被认定为土家竹铃球的市级非遗文化传承人，这既是对其贡献的肯定，同时从总体上也更有利于金成刚开展各项传承工作。

三、重庆少数民族体育非物质文化遗产的发展路径

（一）活态化的传承体系构建

活态传承是非物质文化遗产可持续发展的重要保障，以活态化的方式进行身体文化的传承可以使文化遗产更有活力地发展。传承人是活态传承的关键。现今重庆市多个少数民族体育项目的传承人都被列为重庆市非物质文化遗产传承人，既得到了名誉，又有一定的经费补贴，这为他们传承优秀民族身体文化技艺提供了保障。但是少数民族体育传承人仍然面临传承人老化、传承空间狭小等亟待解决的问题。因此，活态传承少数民族体育文化遗产就需要落实传承人的培养与保护，并构建起以传承人保护与培养为目标的活态化传承体系。地方政府要积极落实培养与保护传承人的各项政策，使传承人的各项利益切实得到保障。同时要加强传承人的培养工作，上级管理部门应该联合高校、民委、体育局等部门定期对传承人展开专业的培训，在加强其专业能力的基础上，重点对其教学能力进行提高。因为传承人的主要工作是把自己掌握的技艺进行传授，所以要把传承人的教学能力放在首位。

（二）申报更高一级的非物质文化遗产名录

申报更高层次的非物质文化遗产保护名录，是非物质文化遗产向着更高层次发展的方向。从现有重庆少数民族体育入选非遗名录的情况来看，只有摆手舞入选了国家级非遗名录，其他体育项目都是市级或区级，还有一些体育项目没有入选非物质文化遗产名录。重庆少数民族体育是重庆地域文化、民族文化、民俗文化及农耕文化等多重文化的典型代表，因此要高度重视重庆少数民族体育的非物质文化遗产保护工作，对现有市级项目进行筛选，找出一批文

化底蕴深厚、传承脉络清晰的项目进行重点打造,"量身定做"系统化地打造,从而向着国家级非物质文化遗产申报的目标努力。如中塘向氏武术、土家竹铃球等项目文化底蕴深厚,重庆本土区域性与民族文化特色极为明显,技艺内容丰富,具有极强的推广价值,具备申报国家非遗的潜质。

（三）注重学校、社区的传承

非物质文化遗产的传承是技艺进行延续的重要保障。少数民族体育本身就具有极强的教化功能,因此在学校体育之中广为流传。重庆市的许多少数民族体育项目都在学校进行传承并取得了极好的效果,但是其传承的学校还是具有一定的区域局限性。许多体育项目都是在本地方的某一个学校传承,没有得到大面积的推广,而且传承学校都是以中小学为主,缺乏高等院校参与。因此在重庆少数民族体育非物质文化遗产保护工作中,要继续加强学校的传承工作,扩大传承学校的范围与学校层次,突破传承所在地学校范围,向着更多的区县扩展,同时加强重庆少数民族传统体育项目在高校的传承力度,特别对大学生群体的传承活动给予特殊关注,重点培养重庆少数民族体育的认知者、认同者及传承者。在学校传承的同时也不能忽略社区传承的作用。社区作为社会活动重要的聚集与交流场所,具有极强的文化传播功能,因此少数民族传统体育的传承应对社区传承给予高度重视。在渝东南地区,摆手舞已经成了许多社区进行日常休闲健身体育活动的热门选择,受到了广大群众的喜爱。基于少数民族体育特有的休闲娱乐功能及广大少数民族聚居区的文化认同优势,在今后的传承活动中,要进一步重视社区传承,可以把土家竹铃球、打篾鸡蛋等市级非遗项目纳入社区的游戏活动中,既可以丰富人们日常的休闲娱乐活动,又可以促进少数民族体育面向大众进行传承,在扩大传承普及度的基础上,充分发挥非物质文化遗产的教育功能,利用非物质文化丰富社区文化教育。

（四）数字化保护

数字化是非物质文化遗产保护最为有效的手段之一，通过现代化的影像及各类动画技术对重庆少数民族体育非物质文化遗产进行数字化的加工，形成一种可视化的文化保护形式。作为依托于身体运动来体现文化存在的非物质文化遗产，有必要以数字化的方式进行保护，特别是传承人的记录。传承人的社会活动构成了非物质文化遗产的内涵动力，但是人不可避免地要面对衰老和死亡，因此在非物质文化遗产保护中，"人亡技绝"的情况时有发生。另外，身体文化的传承因为传承人年龄变化而带有明显的时效性特征，这对于传承技艺有着重要的影响。因此以数字化的手段对身体技艺进行影像存留，可以很好地留存身体技艺展示的"黄金阶段"。利用高清摄像设备对这些少数民族体育非物质文化遗产的人物及其相关的社会活动、运动形式、使用器具等进行视频拍摄与图像采集，将重庆市少数民族体育进行影像存留。同时在摄录过程中，以影视人类学的方法为依托，进行重庆少数民族非物质文化遗产纪录片的摄制，提升非遗保护的学理性与深度。

（五）激活生产性保护的动力

重庆非遗的保护，要积极推动重庆少数民族体育非物质文化遗产的创造性转化与创新性发展，同时更要注重生产性保护的方式，推动少数民族体育类非物质文化遗产与市场结合，推动非物质文化遗产融入人们的生活。因为少数民族体育的特殊性，在生产性保护过程中可以从市场培训、产品生产等方面进行。如作为重庆市第一批入选市级非遗名录的黔江中塘向氏武术，其武术拳械体系极为丰富，系统地学习向氏武术内容，既有强身健体的固有价值，又可以学习自卫防身的技能，因此可以对中塘向氏武术的市场培训体系进行打造与包装，使其产生市场收益。一方面，少数民族体育类非物质文化遗产是根植于民族地区特定民族文化场域发展起来的,具有典型的民族文化特征,因此如摆手舞、中塘向氏武术等具有舞台表现力的项目,可以依托黔江小南海、板夹溪十三寨景区等进行实景演出,从而创造出民族文化旅游价值。另一方面,重庆少数民族体育类非物质文化遗产可以通过商品生产与销售进行价值转化,如中塘向氏武术、摆手舞等可以进行相应的文创产品设计,土家竹铃球与打篾鸡蛋等项目可以对运动器材进行开发,并致力于营销策略的打造,从而实现自身"造血"功能。

重庆市有着极为丰富的少数民族体育文化资源,许多少数民族体育项目被列入各级非物质文化遗产保护名录,这对重庆少数民族体育项目传承与保护有着重要的促进作用。被列入各级保护名录的重庆少数民族体育项目应利用好自身的"特殊身份",加强活态传承力度,扩大传承范围,多手段拓宽少数民族体育的保护路径,特别是应重视其创造性转化与创新性发展,力争在新时代焕发出新活力,让重庆优秀民族传统文化得到更好的发展。

第四章 重庆少数民族体育图像志

　　重庆少数民族体育文化资源极为丰富,特别是渝东南地区流传着许多极具特色的少数民族体育项目。为了能把具有代表性的重庆少数民族体育文化进行有效展示,制作影像志选取了黔江中塘向氏武术、石柱土家竹铃球、綦江芦笙舞三个项目作为代表。这三个项目,分布在重庆的不同区县,其形式也各具代表性。少数民族武术是少数民族体育的重要组成部分,拳种丰富,流派众多,具有少数民族体育文化的高度代表性与识别性。中塘向氏武术是重庆市唯一成体系的少数民族武术拳种,历史悠久、拳械体系丰富,是重庆市武术文化的一朵奇葩。重庆市的少数民族以土家族、苗族人数居多,世代生活在武陵山区的土家族同胞在生产实践中创造出的土家竹铃球是土家族传统体育的代表性项目,更是重庆土家族传统体育文化最具特色的一个。中塘向氏武术与土家竹铃球作为影像志的代表,也是因为这两个项目在学校得到了极好的推广与传承,非物质文化遗产的校园推广是非物质文化遗产传承的一种重要方式。中塘向氏武术与土家竹铃球很好地融入了当地所在学校的教育体系之中,这些传统体育活动在校园的开展,既是体育锻炼的一种方式,提升了学生的身体素质,更是在校园教育之中弘扬传统文化,铸牢中华民族共同体意识起到了重要作用。把綦江芦笙舞作为图像采集对象的主要原因是綦江芦笙舞有着很好的民族文化形式共识性。芦笙舞是苗族、侗族等同胞最为常见,也是极具代表性的一种文化遗产。在綦江区进行传承的芦笙舞,是当地苗族同胞传承的一种集体育、艺术于一身的活动,带有非少数民族聚居区的一种共识性文化符号。

相关项目拍摄情况如下表:

序号	非遗项目	拍摄时间	拍摄地点	拍摄人物
1	中塘向氏武术	2021 年 10 月 4 日—5 日	黔江区中塘镇	向国珍、向佳
2	芦笙舞	2022 年 3 月 5 日	綦江区赶水镇	熊兴树
3	土家竹铃球	2023 年 5 月 25 日	石柱土家族自治县	金成刚、马超、马渝雄、邹帆、马彬洋、谭琪

一、黔江中塘向氏武术

(一) 项目简介

中塘向氏武术传承范围广泛、体系丰富,是重庆市市级非物质文化遗产名录中唯一的少数民族武术拳种。中塘向氏武术是重庆少数民族体育文化的典型代表,除了自身具有武术运动属性外,其身体文化内容更是反映了少数民族同胞的格斗智慧。据传中塘向氏武术为晋代向氏祖先向宗彦根据其军旅生涯中所运用的军事搏杀技能而创立,而随着向氏家族迁徙到黔江一带,中塘向氏武术就开始在当地流传并吸收当地一些苗族及土家族的武术搏杀技能,不断丰富其体系内容。向氏一脉的武术传习活动主要是在黔江区中塘乡双石村进行家族式的传承,今天我们看到的向氏武术仍然保持着典型的军事与少数民族武术搏杀特点。中塘向氏武术从 20 世纪 90 年代开始,走出少数民族村寨被世人所认知,在政府相关部门及传承人的努力下得到了较好的发展,中塘向氏武术2007 年成功入选重庆市首批非物质文化遗产名录。中塘向氏武术入选非遗名录后还在学校进行了广泛传播,当地的中塘小学聘请了市级非物质文化遗产传承人向国珍到学校进行武术的系统传承,中塘向氏武术也成了该校特色体育课程。与此同时,中塘向氏武术还在高等院校进行传承,并招收大学生为徒,提升了传承受众群体的教育层次。中塘向氏武术图像志的拍摄分别在中塘小学与向国珍自家院子里进行。在中塘小学,拍摄向国珍在学校进行中塘向氏武术传授的过程及该校特色的中塘向氏武术大课间活动;在向国珍所居住的双石村,拍摄中塘向氏武术中的板凳拳、五虎下溪等拳术内容。从向国珍的演练来看,其拳术与器械动作发力刚猛,讲究一招制敌,凸显了苗族武术讲求实战技击的特性。

重庆黔江中塘乡的向氏武术以往只在其村落里的族群内部传播,自从电视台进行了相关报道后,短暂的新闻介绍使得向氏武术以最快的方式走出了村寨,为其成为市级非物质文化遗产项目奠定了认知基础。

中塘向氏武术作为重庆市极具特色的少数民族体育文化形式,其本身具有特色鲜明的民族文化属性。第一是武术拳种的技击性。在武术套路及对抗中,带有明显的"一招制敌""招式刚猛"等特点,特别是在苗族武术的技击体系中,传承至今的武术拳械体系仍然突出了技击搏杀的主旨。第二是武术使用的兵器。向氏武术所使用的兵器种类十分丰富,最有特色的是在兵器中有如板凳之类的生活用具,这很好地体现了少数民族武术生活化的特征。

(二)具体内容

1.主要流传区域

主要在黔江中塘乡一带广为流传,黔江是重庆主要的少数民族聚居区,居住着土家族、苗族等诸多少数民族同胞,其生活风俗、语言等民族文化特征极为明显(图4.1—图4.3)。

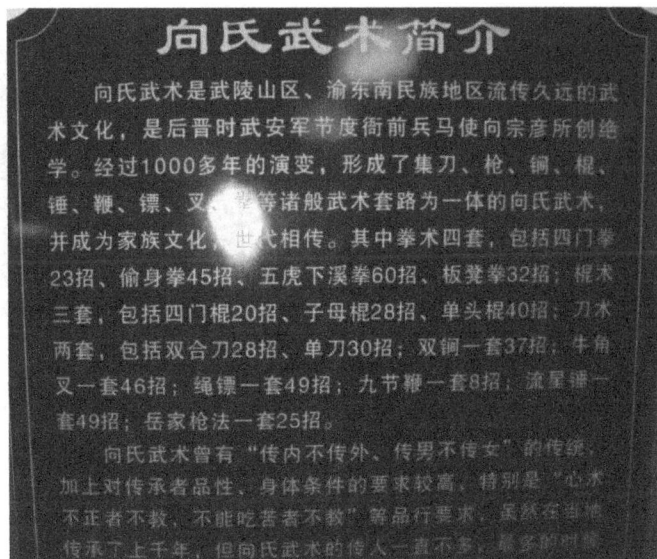

图 4.1　中塘向氏武术简介

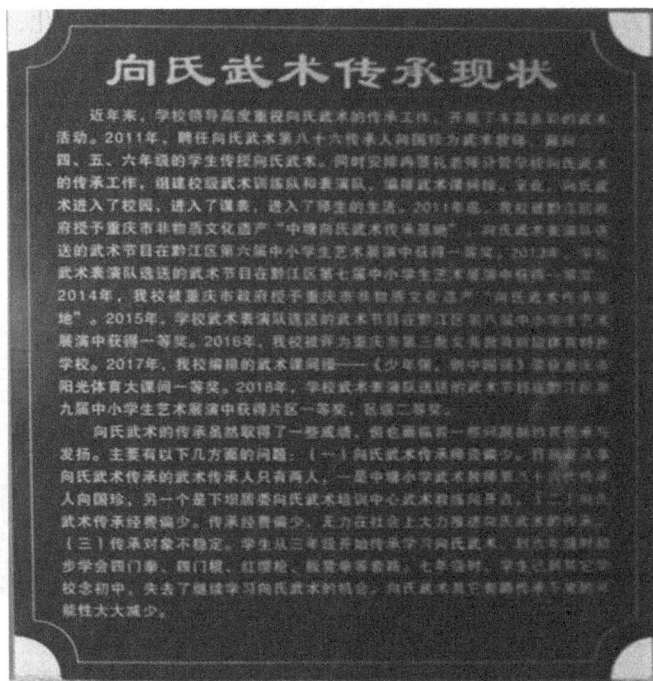

图 4.2　中塘向氏武术传承现状

图 4.3　中塘向氏武术传习地点

2.人物

向国珍,男,苗族,重庆市级非物质文化遗产传承人,思想开化,积极从事中塘向氏武术的传播工作(图 4.4)。

图 4.4　向国珍

3.具体运动内容

中塘向氏武术作为一种典型的少数民族武术形式,其武术技击与套路演练带有明显的技击搏杀特点。中塘向氏武术有着丰富的拳械套路与技击散手体系。其中拳术以四明拳、偷身拳、五虎下溪等套路为主,器械套路有板凳拳、棍术、刀术及钢叉等。因为中塘向氏武术来源于军事活动,所以最初的器械套路有着较为原始的搏杀动作,但是经过长期的传承与演变,现今中塘向氏武术套路的演练形式已经发生了重要变化,强身健体、自卫防身成了身体运动的主旨(图4.5—图4.14)。

图4.5 向国珍展示向氏武术套路(一)

图4.6 向国珍展示向氏武术套路(二)

图 4.7 向国珍展示向氏武术套路（三）

图 4.8 向国珍展示向氏武术套路（四）

图 4.9　向国珍展示向氏武术器械（板凳一）

图 4.10　向国珍展示向氏武术套路（板凳二）

图 4.11　向国珍展示向氏武术器械（棍一）

图 4.12　向国珍展示向氏武术套路（棍二）

图 4.13　向国珍弟子展示向氏武术器械（刀一）

图 4.14　向国珍弟子展示向氏武术器械（刀二）

4.使用器具

　　中塘向氏武术的兵器内容较为丰富,以板凳、棍、叉、刀、枪等为主(图 4.15—图 4.20)。

图 4.15　板凳

图 4.16　棍

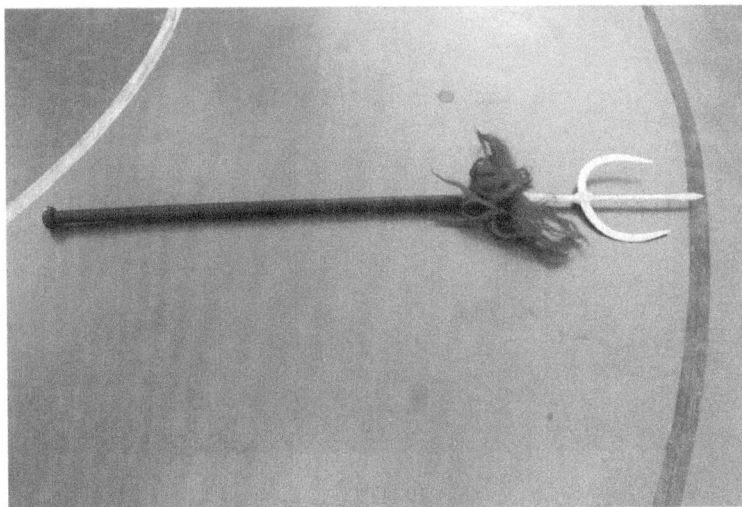

图 4.17 叉

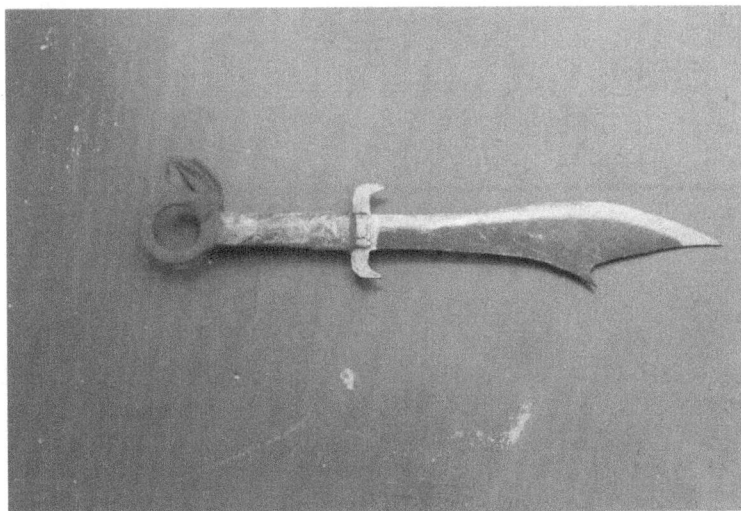

图 4.18 刀（一）

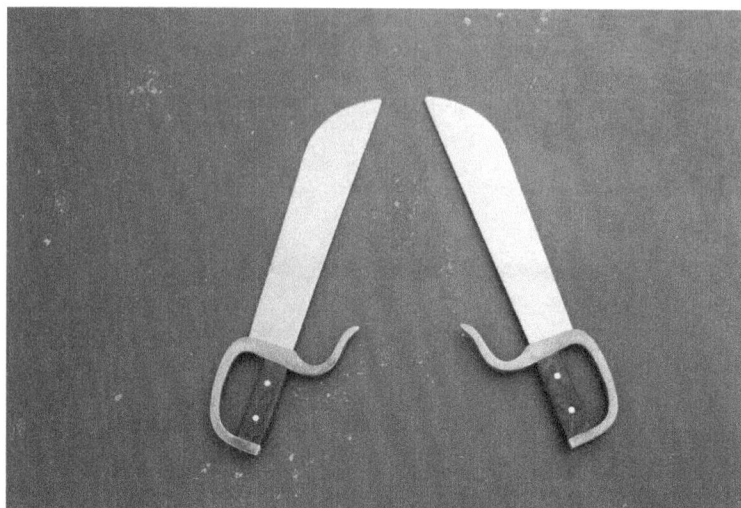

图 4.19　刀（二）

图 4.20　枪

（三）关于中塘向氏武术的发展

中塘向氏武术自从走出少数民族村寨后,一直处于良性的发展态势,特别是在被列入重庆市首批非物质文化遗产名录后,中塘向氏武术走上了发展的快车道,其在各级学校的传承取得了较为显著的效果。以向国珍为代表的传承人思想开明,积极进行中塘向氏武术的技能传习与文化传承。随着乡村振兴的发展,中塘向氏武术的文化价值功能势必会进一步凸显,成为乡村文化的典型代表(图4.21)。

图4.21　中塘向氏武术代表性传承人身份认定

二、土家竹铃球

（一）项目简介

土家竹铃球是我国武陵山区的土家族特色体育项目,源于长期聚居于武陵山区的土家族同胞的生产生活实践。器材为竹编圆球与竹筐,球内放置铜铃,在运动中会发出响声。土家竹铃球比赛分为男子、女子与男女混合三种。比赛人数必须均等,如果是男女混合比赛,两队男女人数也必须一致。在比赛过程中,通过各种战术配合将球投入本方队员背的竹筐为获取比赛胜利的主要方式。比赛通常采用计分制,随着土家竹铃球比赛的增多,规则逐步完善,《竹铃球竞赛规则》为项目竞赛的主要依据。

土家竹铃球具有极强的观赏性,在比赛中双方队员进行快节奏的攻防转换,既体现了个人技术,又有默契的战术配合,运动场面极为精彩。特别是在展演的时候,队员身着土家族服饰进行土家竹铃球比赛,场面更加具有观赏性。土家竹铃球还有强身健体的重要功能,长期进行土家竹铃球运动能有效提升人的反应、耐力等身体素质。

土家竹铃球项目在身体与器具进行配合的背后蕴含着丰富的土家族文化内容,是土家族农耕文化的鲜活体现。土家族是一个典型的农耕民族,许多民族文化特别是传统体育活动都来源于其特有的农耕文化,如摆手舞、土家族武术等。竹铃球制作使用的材料以竹子为主,竹子是土家人生产劳作的重要生产材料,竹铃球的制作展现了土家人对竹子的加工工艺,也凸显了土家人的农耕文化(图 4.22—图 4.31)。

图 4.22　土家竹铃球比赛(一)

图 4.23　土家竹铃球比赛（二）

图 4.24　土家竹铃球比赛（三）

图 4.25　土家竹铃球比赛（四）

图 4.26　土家竹铃球比赛（五）

图 4.27　土家竹铃球比赛（六）

图 4.28　土家竹铃球比赛（七）

图 4.29　土家竹铃球比赛（八）

图 4.30　土家竹铃球比赛（九）

图 4.31　土家竹铃球比赛（十）

（二）具体内容

1.主要流传区域

土家竹铃球主要在重庆、湖北及湖南等武陵山区的土家族聚居区流传。在重庆市,石柱县是土家竹铃球的主要流传地区。重庆市石柱民族中学是重庆土家竹铃球发展的重要载体,从最早的土家竹铃球文化挖掘整理、竞赛规则完善、对外展演及各类传承活动,该校师生为土家竹铃球这一优秀的少数民族传统体育项目的传承与发展作出了重要贡献。

2.人物

金成刚,石柱民族中学副校长,土家竹铃球主要传承人,长期致力于土家竹铃球的传承与发展。

3.具体运动内容

土家竹铃球现今是一项较为成熟的民族传统体育活动,有着专门的《竹铃球竞赛规则》。主要比赛形式是攻防双方将球投入本方队员的背篓中。竹铃球运动的场地通常选在空地上,根据参赛队员性别分为男子、女子和男女混合三种形式进行。其中两队队员人数必须相等,在进行比赛或者练习时,其技术动作由抛、运、滚、传等组成(图 4.32—图 4.38)。

图 4.32　单腿接球

图 4.33　接地滚球

图 4.34　蹲姿接球

图 4.35　劈横叉接球

图 4.36　劈竖叉接球

图 4.37　跳跃接球

图 4.38　接弹地球

4.使用器具

土家竹铃球的使用器具主要为竹编的圆球、竹编的背篓（图 4.39—图 4.46）。

图 4.39　竹铃球（一）

图 4.40　竹铃球（二）

图 4.41　竹铃球筐（一）

图 4.42　竹铃球筐（二）

图 4.43　竹铃球服饰（男士，正面）

图 4.44 竹铃球服饰（男士，背面）

图 4.45 竹铃球服饰（女士，正面）

图 4.46　竹铃球服饰（女士，背面）

（三）关于土家竹铃球的发展

　　石柱民族中学校作为主要保护单位，将土家竹铃球的现代化价值进行了有效挖掘，主要表现在竞技和学校体育上。首先，土家竹铃球竞赛规则十分完善，使其具有高度的竞赛价值。其次是土家竹铃球在学校体育教学中得到了极好的推广，成为学校体育教学的重要组成部分。现今土家竹铃球发展势头良好，出现在了全国少数民族传统体育运动会等重要的赛事上。特别是随着土家竹铃球自身体系的完善，未来将在学校体育方向上得到更好的发展。同时基于土家竹铃球的群体参与性，其运动对促进民族团结、铸牢中华民族共同体意识有重要作用（图 4.47—图 4.50）。

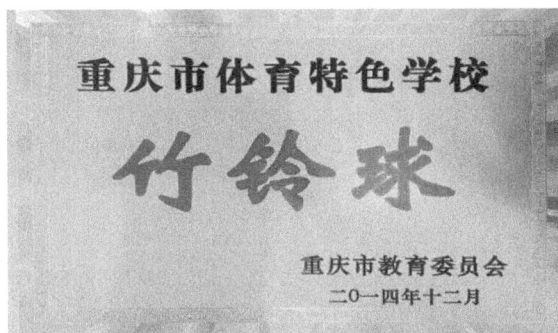

图 4.47　石柱民族中学校被授予竹铃球特色学校

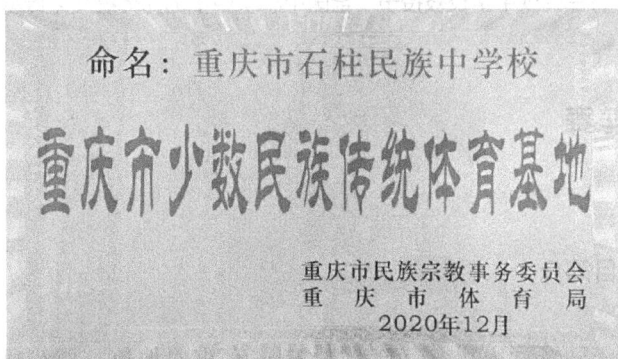

图 4.48　石柱民族中学校被授予"重庆市少数民族传统体育基地"

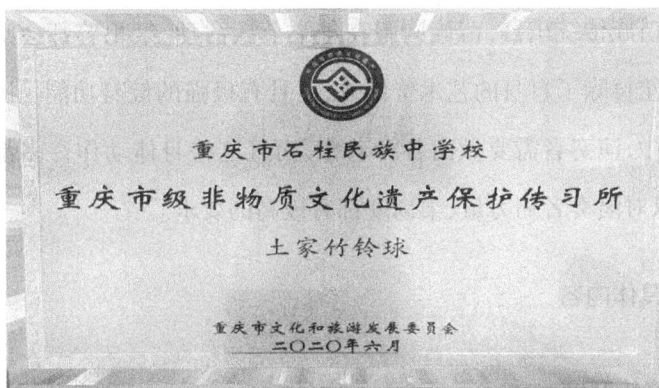

图 4.49　石柱民族中学校被授予"重庆市级非物质文化遗产保护传习所"

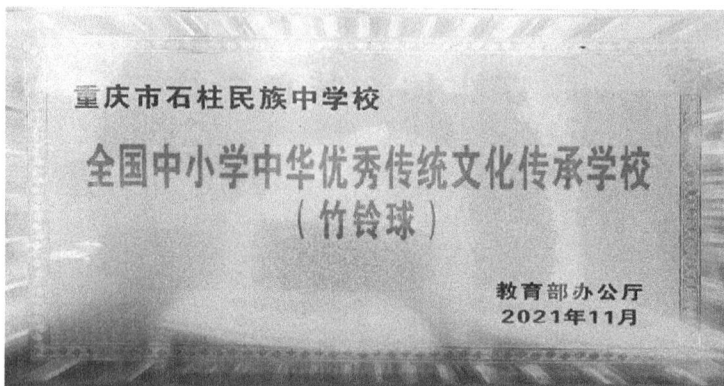

图 4.50　石柱民族中学校被授予"全国中小学中华优秀传统文化传承学校"

三、綦江芦笙舞

（一）项目简介

芦笙作为一种簧管乐器,在苗族文化中占有重要地位。芦笙舞是苗族最具特色的传统体育项目,具有极强的艺术表演价值,同时又有强身健体的重要功能。芦笙是苗族传统乐器,苗族同胞在各类节庆活动、祭祀等都会吹起芦笙进行表演。芦笙舞除了自身的艺术价值外,还具有极强的健身功能。因为在吹奏芦笙的过程中,演奏者需要做出各种动作,而且这些身体动作许多都有着较高的难度,所以对演奏者的力量、柔韧度都有极高的要求。

（二）具体内容

1.主要流传区域

在重庆市,芦笙舞主要在綦江区赶水镇梅子村流传。梅子村是一个典型的以苗族同胞为主的村寨,在村寨中苗族文化极为丰富,其中最具特色的就是芦笙舞与苗绣技艺。梅子村作为一个典型的苗族村寨,芦笙舞是村寨中一种重要的非物质文化遗产。现今在綦江区的各类节日庆典及文艺演出等活动中,芦笙舞是重要的展演项目(图4.51)。

图4.51　綦江区梅子村乡情陈列馆

2.人物

熊兴树是梅子村的名人,也是芦笙、苗绣技艺的重要传承人。熊兴树利用自身掌握的苗绣技艺,开办了苗绣工厂,将这项苗族传统文化技艺进行创造性转化,带来了经济效益。其苗绣于2018年入选了綦江区非物质文化遗产代表性项目名录。熊兴树除了掌握苗绣技艺外,还擅长芦笙舞技艺。她经常参与各类活动,进行芦笙舞表演。

3.具体运动内容

芦笙舞吹奏过程中,双手持芦笙,身体与韵律配合进行各种动作,既有音乐的旋律之美,同时又有各类身体运动,特别是腿部动作,具有极强的视觉美感,同时也能实现身体锻炼。芦笙舞有单人吹奏及多人吹奏等形式,吹奏的形式与规模根据活动要求而定(图4.52—图4.54)。

图 4.52　芦笙舞吹奏过程（一）

图 4.53　芦笙舞吹奏过程（二）

图 4.54　芦笙舞吹奏过程（三）

4.使用器具

芦笙舞的主要使用器具为芦笙。在梅子村,有村民专门从事芦笙的制作。梅子村的芦笙制作工艺精良、音律十分纯正,具有极强的地域特色(图4.55、图4.56)。

图4.55　芦笙舞吹奏器械

图4.56　芦笙舞表演服饰

(三)芦笙舞的发展

随着时代的变迁与乡村振兴的持续推进,作为苗族传统文化典型代表的芦笙舞已经走出了少数民族村寨,从一种村寨的内部活动变成了一项地方典型民族文化的代表。现今芦笙舞得到了很好的传承与发展,无论是上级各类管理部门还是从事该项技艺的村民对于芦笙舞的发展都给予了高度的重视。在各类重要节日庆典及民俗活动中,芦笙舞成了重要的展演内容。在新时代芦笙舞势必会得到更好的发展,在全民健身、乡村旅游等方面发挥更大的作用(图4.57)。

图4.57　綦江区非物质文化遗产——苗绣

第五章　重庆少数民族体育的发展与探索

重庆少数民族文化是区域内最具特色的文化内容之一。重庆市近些年社会经济发展迅速,在此背景下,应该立足于自身文化资源与文化特色,提炼自身文化精髓,形成重庆特色的文化品牌。重庆少数民族文化可以很好地体现重庆的文化特色。在国家西部大开发战略与乡村振兴战略的推动下,渝东南少数民族聚居区的发展走上了快车道,除了国家的各类政策支持外,各区县也积极利用本区域少数民族文化实现了自身的造血功能,既促进了地区社会经济的发展,也促进了区域文化的繁荣。重庆少数民族传统体育是区域民族文化的重要组成部分,许多少数民族传统体育项目已经在助力乡村旅游开发、促进区域体育文化发展中贡献了自己的力量。

一、加强重庆少数民族体育的文化研究

渝东南少数民族地区蕴含着丰富的少数民族文化宝藏,少数民族体育是其文化宝藏中的一颗明珠。少数民族传统体育承载着重要的文化内容,是渝东南乃至整个重庆市特色的地方性、民族性文化代表。重庆市应该加强本地区少数民族体育文化的研究工作。从现有的情况来看,虽然有一些关于重庆少数民族体育项目的成果,部分解决了重庆少数民族传统体育的发展问题,并深入挖掘

了重庆少数民族体育文化理论，为重庆少数民族传统体育的发展提供了支撑，但是现有成果对重庆市丰富的少数民族体育内涵仍缺乏全面的研究。重庆少数民族体育文化内容丰富且多样，每个民族的传统体育活动既有本民族的特点，又有重庆的地方性文化特征，是渝东南各少数民族社会生产实践的典型代表。

对重庆少数民族体育的研究，应该从多个方面加强。第一，应该加强研究深度。少数民族体育是非物质文化遗产范畴，应该加强以人类学、民族学视角对重庆少数民族体育进行研究，特别是注重田野调查，研究人员要深入渝东南少数民族村寨的"田间地头"对少数民族体育进行深入研究，以获取重庆少数民族体育的一手数据，便于更加深入地对其进行理论研究，探究少数民族体育活动背后的文化内涵。第二，重视少数民族文化研究的顶层设计。重庆在少数民族传统体育竞赛领域取得了极好的发展，在近几届全国少数民族运动会中，取得了极为优异的成绩，为重庆代表团赢得了荣誉，彰显了重庆少数民族工作及文化软实力。重庆少数民族工作相关管理部门应该给予少数民族传统体育研究高度重视，在人、财、物等方面给予必要支持，做好管理部门的顶层设计，全方位给予本地区少数民族传统体育研究政策支持，如设立少数民族传统体育的专项课题，有组织地进行少数民族传统体育研究等，集中力量对重庆少数民族传统体育文化理论进行梳理，为重庆市民族文化的发展提供重要的理论基础。第三，重视重庆少数民族研究成果的推广与应用。重庆许多学者关注少数民族体育的研究，产生了不少理论研究成果，相关部门应该关注这些成果，并采纳其中的一些具有决策咨询意义的内容。同时在研究成果的提炼方面，相关管理部门应该出台相关措施，鼓励广大研究者对重庆少数民族体育进行决策咨询研究，从而产生更多建言献策或者社情民意成果，促进少数民族体育事业的高水平发展。

二、图像影像及版本文化采集与保护

少数民族传统体育虽然是非物质文化遗产,但是其中也有大量的物质文化遗产。比如少数民族传统体育使用的器具、相关文字记载的史料等都是关于少数民族体育的物质文化遗产,这些物质遗产是历史文化最为有力的实证物品。重庆少数民族传统体育的发展,在非物质文化遗产保护的基础上,要重视其物质文化的采集、整理与保护。如重庆最具代表性的传统体育项目黔江中塘向氏武术,除了身体技术外,还有包括兵器在内的许多物质文化遗产。黔江中塘向氏武术拳械体系中,兵器非常丰富,这些兵器是其体育文化的重要组成部分,同时也是重要的保护与收集对象。除了武术外,其他少数民族体育项目也有实体的文化物品,比如土家竹铃球所使用的球、筐等器材,芦笙舞所使用的芦笙、打篾鸡蛋所使用的球类等,与少数民族体育活动有关的实体物品都是其重要的版本文化载体。中华版本包括古今中外载有中华文明印记的各类资源,内容丰富,是各类承载中华文化的重要集合。重庆少数民族传统体育作为重庆市极具特色的传统文化内容,应该充分利用当前国家对版本文化保护的理念,对重庆少数民族传统体育版本文化进行创新性保护。有关重庆少数民族传统体育的文献资料、书籍及各类资料等,都是重要的版本资源。这些史料记载了重庆少数民族传统体育活动,是其文化的重要基因。当前国家版本馆的出现,是国家对文化保护创新的一个重要导向,这也给重庆的少数民族传统体育文化保护以启发:有必要重视对与重庆少数民族体育相关的各类文献及相关物品进行收集整理,同时对这些物品进行数字化整理,形成数字版本内容。

三、拓展学校推广范围

重庆少数民族传统体育在当前能得到很好传承，主要原因就在于许多传统体育项目在校园得到有效传承。学校具有群体传承的有利条件，但是现今许多少数民族体育项目的传播范围仅限于其体育活动的流传地或者少数民族聚居地所在辖区的中小学，这就出现了传播的地域限制。另外，学校教育层次的限制。重庆少数民族体育项目传播以中小学居多，高校较少。同时在重庆市高校进行传承与传播的少数民族体育项目，本土项目很少，而且都是以竞赛训练为主的备战形式开展。因此重庆少数民族传统体育的发展应该注重学校传播地域与学校层级的突破。打篾鸡蛋、土家竹铃球、中塘向氏武术等体育项目对学生身体素质的提升、体育兴趣的培养有着重要作用，同时这些项目还有极强的传统文化教育功能，通过体育项目的实施可以很好地针对传统文化进行传承。再者，许多重庆本土的少数民族传统体育项目有着大课间活动的功能。如摆手舞、中塘向氏武术等项目在其传承学校有很好的大课间活动范式，以这些传统体育项目为核心的大课间活动既具有民族特色，同时也更能突出大课间的主旨作用。

重庆的教育、民族与宗教及体育管理部门应该积极地在全市中小学进行本地区少数民族传统体育项目的推广工作，每个区县选取 1~2 所中小学进行少数民族传统体育进课堂的试点，逐步推行本地传统体育在中小学校园的传承与推广活动，使本地区的少数民族传统体育真正融入学校体育。另外，要扩大重庆少数民族传统体育在高校体育课程及其他各类活动开展的范围，并产生积极的推广效应。

大学教育体系中，有大学体育、体育专业教学等方向，应当将重庆少数民族体育项目与大学各类体育课程相结合，使重庆少数民族传统体育能真正走进大学校园。这就需要对重庆少数民族体育项目进行高校课程资源开发，围绕高等院校大学体育或者体育专业课程的教学特点,将中塘向氏武术、土家摆手舞、土家竹铃球等项目进行课程内容设计,使这些项目可以在高校开展。另外,重庆许多高校承担了重庆少数民族体育竞赛项目的训练工作,这些学校可以思考将少数民族体育竞赛项目融入大学体育课程,进一步推动优秀传统文化传播。

四、少数民族传统体育助力乡村旅游发展

重庆少数民族传统体育经过时代变迁,其本原价值已经发生重要改变,从原来的军事搏杀、宗教祭祀、节日庆典转向自卫防身、休闲娱乐及身体锻炼等,特别是在重庆的乡村振兴及少数民族旅游开发中,重庆少数民族传统体育成了重要组成部分并发挥了重要价值。2023 年发布的《中共中央 国务院关于做好2023 年全面推进乡村振兴重点工作的意见》对乡村振兴的全面发展提出了更高的要求。而重庆作为西部地区的中心城市之一,担负着乡村振兴的重任。重庆少数民族传统体育在未来的发展中,应该给予乡村旅游更多助力。从许多少数民族聚居地区的以地域为特色的情景舞台剧的发展情况来看,如果设计合理、内容丰富、推广有效,就会获得巨大的市场经济效益及文化传播效果。重庆市的许多少数民族传统体育项目都有重要的舞台艺术展演价值,如土家摆手舞、中塘向氏武术等都可以进一步打造,开发渝东南特色情景舞台剧或进行舞台剧的创新。中塘向氏武术集体表演气势恢宏,具有极强的舞台视觉冲击,可以很好地与本地区板夹溪十三寨的少数民族乡村旅游进行结合,进一步丰富乡村旅游文化内涵。土家摆手舞现在已经成了河湾山寨等酉阳地区少数民族村寨乡村旅游的重要内容,但是摆手舞的实景舞台展演价值应该进一步开发,发挥更大的作用来服务于乡村旅游。除了展演类项目外,土家竹铃球、打篾鸡蛋等项目也可以设计成乡村体验式的旅游娱乐项目,让游客有机会全程参与传统体育项目活动,丰富少数民族乡村旅游的内容。

五、重庆少数民族传统体育融入全民健身

重庆少数民族传统体育运动健儿在近几届全国少数民族体育运动会中取得的优异成绩有目共睹,重庆应该把在竞赛领域的优势转移到全民健身中,通过少数民族传统体育来助力重庆市全民健身事业的发展。少数民族传统体育相较于其他体育项目在少数民族聚居地区全民健身的开展有着极大的优势。首先是因为重庆少数民族传统体育项目多有休闲娱乐功能,在原来的生产劳作生活中,这些传统体育项目就是少数民族同胞在农闲、各类节庆时重要的娱乐方式。如土家竹铃球、打篾鸡蛋、摆手舞等活动自身的休闲娱乐属性可以很好地融入全民健身活动。各地区居民可以把这些传统体育活动当成日常健身的重要手段,现今摆手舞已经成为渝东南等区域人们进行广场舞活动时的首选项目。其次是文化认同性。重庆少数民族传统体育大多数来源于少数民族同胞的生产生活实践,是民族文化内容的重要组成部分。少数民族同胞对这些传统体育活动有着重要的文化认同,因为这些传统体育项目与他们的生活息息相关,这种文化认同会有效地促进民众特别是少数民族同胞聚居地区的居民参与到相关的全民健身活动中。最后是少数民族体育对于全民健身的全面融入。在渝东南的少数民族聚居区,下一步要把更多的少数民族体育项目融入全民健身活动,充分发挥少数民族体育强身健体、娱乐身心的重要功能,以促进全民健身活动的发展。

六、建设重庆少数民族体育发展的人才队伍

人才是社会发展的关键,重庆市要搞好民族体育就必须抓好人才这一关键环节。重庆市民族宗教管理部门应该建立市级少数民族人才库,积极吸纳从事

少数民族体育领域的各类竞训、科研等方向的人才，为重庆少数民族体育发展贡献力量。除了人才的整合外，更需要人才的培养，特别是少数民族体育传承人的培养。现今重庆多个少数民族体育项目都被列入了市级非物质文化遗产名录，这些项目未来要得到很好的发展，传承人是关键，因此在未来的少数民族体育人才队伍建设中，要着重对各级传承人进行培训。因为传承人的文化水平参差不齐，所以要注重整体提升传承人的理论水平与业务能力等综合素养，使其能够更好地担当起文化传承的大任。除了传承人的培养外，管理队伍的培养也非常重要。重庆少数民族传统体育在全国少数民族体育运动会、非物质文化遗产的保护及学校体育等方面获得了瞩目的成绩，这离不开重庆少数民族体育管理者与其他相关工作者的努力，也突出体现了管理队伍在少数民族传统体育发展中的重要作用。因此在今后的发展过程中，要对少数民族传统体育的管理人才队伍建设给予高度重视。如在管理队伍中引入民族传统体育专业的高学历、高素质人才，对非科班出身的管理者进行有关少数民族体育业务的培训，积极组织与其他地区进行少数民族体育相关的业务交流等方式来建设重庆少数民族体育人才队伍。另外，要加大力度将教育领域的专家学者引入重庆少数民族传统体育工作的人才队伍。在重庆各个教育层次的学校中，有一大批从事少数民族传统体育教学与研究的专家学者与一线教师，管理部门要充分利用这些教育领域的重要人才资源。

附　录

　　少数民族传统体育作为我国民族文化的重要组成部分,具有极强的中华文化代表性,少数民族体育也是我国多民族构成且多元一体化的一种极好的文化外延,是由各民族同胞共同创造出来的重要文化内容。中华人民共和国成立以来,党和国家给予少数民族体育工作高度的重视,1953 年在天津举办了中华人民共和国第一届少数民族传统体育运动会,此次大会是对我国少数民族传统体育活动的一次重要集中展示。此后我国少数民族传统体育得到了极好的发展,各类少数民族体育活动得到有效开展,以非物质文化遗产保护手段为主的保护方式日益完善,许多优秀的少数民族体育项目被列入各级非物质文化遗产名录。对少数民族体育的研究不断深化,产生了一大批标志性的成果。近些年来,随着各民族交往交流交融广泛拓展,中华民族共同体意识不断增强,少数民族传统体育在铸牢中华民族共同体意识的大背景下,更是承担起了重要的历史使命。基于少数民族体育的价值与作用,近几年来,国家相关部委先后出台了针对少数民族体育工作及少数民族体育运动会相关的多个文件,以指导少数民族体育更好地发展。在附录中摘录了几个国家体育总局、中华人民共和国国家民族事务委员会及重庆市地方政府公开印发的有关少数民族传统体育、非物质文化遗产保护的政策性文件,以作研究借鉴用。

关于进一步加强少数民族传统体育工作的指导意见

少数民族传统体育是我国体育事业的重要组成部分,是我国宝贵的文化遗产,深受各民族群众的喜爱,在传承发展优秀传统文化,促进各民族交往交流交融,提升各族人民体质健康水平,丰富各族群众精神文化生活等方面都发挥着重要的作用。为全面贯彻落实党的十九大精神,顺应新时代深化民族团结进步宣传教育和加快推进体育强国建设的需要,繁荣发展少数民族传统体育,促进健康事业发展,现就进一步加强少数民族传统体育工作提出如下意见。

一、总体要求

(一)指导思想。全面贯彻党的十九大精神和习近平新时代中国特色社会主义思想,落实中央民族工作会议和全国卫生与健康大会精神,按照《全民健身条例》《关于加强和改进新形势下民族工作的意见》、《"健康中国2030"规划纲要》《全民健身计划(2016—2020年)》和《"十三五"促进民族地区和人口较少民族发展规划》总体要求,坚持"推动民族团结进步、促进群众身心健康"的宗旨,结合实施全民健身"六个身边"工程,推进少数民族传统体育文化传承发展,加强少数民族传统体育理论建设,改革完善少数民族传统体育运动会组织管理,建设少数民族传统体育基地,丰富少数民族传统体育活动,促进全民健身和全民健康深度融合,不断满足人民日益增长的美好生活需要,为促进各民族交往交流交融,加快推进社会主义文化强国、体育强国建设发挥重要作用。

(二)基本原则。坚持统筹协调,服务国家战略。充分发挥政府职能部门的主导作用,统筹调动各方面的力量,形成合力,共同推动少数民族传统体育的全面发展;充分利用少数民族传统体育的多元价值,服务国家经济、政治、文化、社会和生态建设,全面助力乡村振兴战略、区域协调发展战略和体育强国战略的实施。

坚定文化自信,弘扬民族精神。围绕铸牢中华民族共同体意识,充分发挥少数民族传统体育在弘扬民族精神、促进"五个认同"中的积极作用;努力肩负起我国优秀体育文化"走出去"的历史责任和时代担当,扩大少数民族传统体育的文化影响力,增强中华文化自信。

坚持科学发展,促进全民健康。准确把握少数民族传统体育自身发展规律,坚持因地制宜、分类指导,发挥少数民族传统体育在促进全民健身事业,推动全民健身活动广泛开展方面的重要作用,推动全民健身计划的全面实施,提升中华民族的健康水平。

二、主要任务

(三)加强少数民族传统体育的统筹规划。围绕少数民族传统体育的基本功能和发展目标,把少数民族传统体育事业发展纳入各级人民政府国民经济和社会发展总体规划;各级体育工作、民族工作部门要切实履行职能职责,统筹安排,科学谋划,制定推动少数民族传统体育事业发展的中长期规划。

(四)加强少数民族传统体育的基础性研究和应用性研究。加强少数民族体育古籍的挖掘、整理、翻译、出版和研究;支持少数民族传统体育理论研究;将少数民族传统体育纳入全民健身智库建设,引导少数民族传统体育研究科学化发展;通过举办少数民族传统体育学术交流活动等形式,支持鼓励具有开拓性和重要文化传承价值的理论成果的传播。

(五)实施少数民族全民健身"六个身边"工程。以提高基本公共服务水平、改善民生为首要任务,围绕实施全民健身国家战略,建设少数民族群众身边的健身组织、健身设施、健身活动、健身赛事、健身指导、健身文化,统筹建设适合开展少数民族传统体育项目的场地设施。推进社会体育指导员和志愿服务长效化、制度化。积极发挥少数民族体育协会等社会组织功能,承担起为少数民族传统体育服务、为政府有关部门服务的职责。支持开展群众喜闻乐见、方便参与的少数民族传统体育项目赛事、活动，创新发展有群众基础的少数民族传统体育健身项目，进一步发挥少数民族传统体育健身项目的健身效果，丰富少数民族精神文化生活，使各族群众能够就近就便自觉健身、便利健身、科学健身、文明健身，大幅度提高少数民族群众经常性参加体育锻炼的比例和体质合格率，增强健身参与感、获得感、幸福感。

（六）办好少数民族传统体育赛事。改革完善全国少数民族传统体育运动会组织管理，发挥全国性少数民族传统体育赛事的引领示范作用，开拓全国少数民族传统体育的发展、改革思路，创新办赛，丰富内容。重点打造"民体杯"等全国性少数民族传统体育单项比赛，完善赛制，扩大影响。搭建具有民族特色、地域特色的体育文化交流大舞台，传承和弘扬少数民族传统体育项目，推动少数民族体育活动开展，推动少数民族传统体育跨界选材。各地以全国性赛事为引领，因地制宜、结合实际举办不同层次、不同类型的少数民族传统体育综合性赛事和单项赛事，创新少数民族传统体育项目，打造具有跨区域、跨民族、跨国境的品牌赛事，推进少数民族传统体育竞技化、社会化和市场化发展。

（七）大力发展少数民族传统体育产业，助力乡村振兴和扶贫攻坚。把少数民族传统体育作为推动民族地区经济社会发展的重要力量，纳入到少数民族地区乡村振兴战略，充分利用国家扶贫政策和兴边富民政策，加强少数民族传统体育资源开发和产业扶持力度，推进少数民族传统体育与旅游、文化等融合发展，助力打赢边疆民族地区和少数民族群众脱贫攻坚战。体育扶贫的资金、项目、措施，进一步集中到自然条件差、经济基础弱、贫困程度深的边疆地区、民族地区。引导社会力量推动少数民族传统体育与旅游业相结合，利用运动休闲特色小镇、体育休闲旅游等项目，通过组织开展本民族、本地区特色的传统体育赛事、活动、表演，宣传体育旅游资源，扩大市场影响力。扶持一批具有市场潜力的中小企业，引导少数民族传统体育相关的体育用品制造业发展,努力打造少数民族传统体育综合化、集群化的产业价值链。

(八)加强少数民族传统体育传承创新。加大力度支持民族地区、边疆地区少数民族传统体育文化的发展,推动优秀少数民族体育传统文化创造性转化、创新性发展,进一步完善少数民族传统体育非物质文化遗产保护制度,建立、完善少数民族传统体育非物质文化遗产目录体系档案和数据库。鼓励社会力量参与少数民族传统体育非物质文化遗产的保护、开发和合理利用工作,支持少数民族传统体育项目申报非物质文化遗产项目。

(九)加强少数民族传统体育交流。围绕铸牢中华民族共同体意识,建设各民族共有精神家园,加强各民族传统体育交流,弘扬中国优秀传统文化,坚定文化自信。积极推进少数民族传统体育文化"走出去",推进"一带一路"沿线国家的民间体育文化交流,打造一批体育人文交流品牌活动,推进和周边国家的与邻为善、以邻为伴,促进民心相通。通过孔子学院、华侨华人、文化体育名人等,助推少数民族优秀传统体育文化的国际传播,讲好中国故事、传播好中国声音、展示好中国特色、塑造好中国形象,扩大中国体育文化的国际影响力。

(十)加强少数民族传统体育基地建设。国家体育总局和国家民委共同制定少数民族传统体育基地管理办法,对全国少数民族传统体育基地进行命名和动态考核管理,加强对少数民族传统体育基地的宏观指导。各地着眼于少数民族传统体育传承、创新发展,建设地方少数民族传统体育基地。基地结合实际、突出特色优势项目,强化综合功能,充分发挥其在少数民族传统体育训练、参赛、组织赛事、理论研究、项目挖掘整理和传承发展方面的作用。整合高等院校教学科研的资源优势,广泛开展学术研讨、文化交流和创新研发等活动,加强"民族传统体育学"的学科建设,为学科的发展和人才的培养夯实基础。

（十一）培养少数民族传统体育人才。鼓励和支持各类学校在开展现代体育教学活动的同时,开展少数民族传统体育的教学和活动,培养少数民族传统体育人才。民族中小学和民族地区的体育学校应将少数民族传统体育作为学校体育活动的重要内容,创造条件将少数民族传统体育作为正式体育课程或乡土教材内容。民族高等院校体育系和民族地区体育院校开设少数民族传统体育专业,进行少数民族传统体育的教学和研究。开展少数民族传统体育进校园、进社区、进机关等工作。把培养使用少数民族传统体育人才作为实施人才培养战略的重要内容,充分发挥少数民族传统体育人才在非物质文化遗产保护、传承发展中的重要作用。

三、保障措施

（十二）依托各类工作机制,促进协同管理。发挥国务院全民健身工作部际联席会议制度、国家民委委员制以及各级全民健身、民族工作协调机制的作用,统筹少数民族传统体育事业发展的各项工作,制定少数民族传统体育工作的重大政策和改革发展规划。加强宏观指导和管理,建立起多部门共同参与的协同工作机制,全面推进少数民族传统体育工作落地、落实。

（十三）加强组织领导,建立长效机制。各级体育、民族工作部门要强化部门协同,建立长效机制,加大工作力度,有条件地区应设立少数民族传统体育工作机构,在民族地区的社会体育指导员中,要有一定数量的少数民族传统体育指导员。要制定和完善具体政策措施,明确责任分工,狠抓贯彻落实。做好对本指导意见的解读和宣传工作,形成推动意见落地见效的良好氛围,确保意见各项措施的顺利推进。

（十四）加强政策扶持,加大资金支持。各级体育、民族工作部门要积极争取本级人民政府加大对少数民族传统体育工作的支持力度,并利用现有资金渠道支持少数民族传统体育事业发展。各级民族工作部门每年要统筹安排少数民族传统体育专项经费,体育部门每年要在彩票公益金中专门安排少数民族传统体育专项经费,用于发展少数民族传统体育事业。发挥彩票公益金等资金投入的引导和激励作用,调动社会力量积极性,鼓励社会各界资助少数民族传统体育事业,扩大经费来源,建立健全多元化、可持续的少数民族传统体育经费保障机制和投入机制。

全国少数民族传统体育运动会组织管理办法

第一章　总　则

第一条　为进一步规范全国少数民族传统体育运动会(以下简称全国民族运动会)组织工作,提高管理水平,根据《中华人民共和国体育法》和《国务院实施〈中华人民共和国民族区域自治法〉若干规定》,制定本办法。

第二条　全国民族运动会由国家民委、国家体育总局主办,省、自治区、直辖市人民政府承办,每4年举办一届。

第三条　全国民族运动会以"平等、团结、拼搏、奋进"为宗旨,围绕铸牢中华民族共同体意识,加强各民族交往交流交融,以促进民族团结进步和全民健身事业发展为目标,坚持"特色鲜明、务实节俭"的办会原则。

第四条　主办单位和承办单位应当全面落实全国民族运动会组织管理工作的主体责任,加强党风廉政建设和反腐败工作,建立完善廉洁办赛的制度和机制,严格执行党纪党规和国家各项法律法规,确保筹办工作廉洁高效。

第二章　组织机构

第五条　全国民族运动会设置组织委员会(以下简称组委会)。组委会工作机构应设竞赛表演部、接待保障部、新闻宣传部、大型活动部和纪律检查委员会,其他工作机构根据实际需要设置,并与运动会筹备工作机构设置基本衔接。

第六条 组委会及其工作机构由主办单位和承办单位人员共同组成。

第七条 各比赛项目应成立仲裁委员会。

第三章 主办单位权利和职责

第八条 国家民委、国家体育总局是全国民族运动会的权利拥有者，拥有与运动会相关的一切权利，包括但不限于运动会的组织、利用、转播、录制、申述、复制、获取和散发的全部权利，不论是以何种形式、现存的或将来发展的所有权利。

第九条 赛事组织管理。

（一）制定总规程和单项规程。

（二）制定比赛项目规则和裁判法。

（三）制定比赛器材清单。

（四）制定体育道德风尚奖评选办法和竞赛表演纪律规定并组织实施。

（五）确定比赛项目裁判长、副裁判长，选调执裁裁判员，指导承办单位培训裁判员。

（六）确定比赛项目仲裁委员会成员。

（七）组织运动员登记、报名、交流工作，审定运动员参赛资格。

（八）组织比赛项目抽签工作。

（九）组织比赛场地、器材和相关设施设备验收工作。

（十）审定奖杯、奖牌、证书设计方案。

（十一）审定裁判员、仲裁服装设计方案。

（十二）审定比赛秩序册。

第十条 非赛事工作组织管理。

（一）邀请党和国家领导人。

（二）确定运动会举办日期和开、闭幕时间。

（三）主办全国筹备工作会议。第一次筹备工作会议不晚于运动会开幕前20个月召开；第二次筹备工作会议不晚于运动会开幕前8个月召开；第三次筹备工作会议不晚于运动会开幕前2个月召开。

（四）主办组委会成立大会。

（五）审定会徽、吉祥物、主题歌、宣传画设计（创作）方案。

（六）审定开幕式、闭幕式、民族大联欢、火炬传递等大型活动方案。

（七）审定接待保障、交通运输、安保制证等方案。

（八）审定新闻宣传方案，统筹协调宣传工作，组织中央媒体开展宣传报道。

（九）召开新闻发布会，发布总规程、单项规程、会徽、吉祥物、主题歌、宣传画等运动会筹办工作中的重大事项。

（十）策划、组织相关文化活动。

（十一）指导、督促、检查、协助承办单位落实各项筹办任务。

（十二）组织、协调各代表团落实相关任务。

第四章 承办单位权利和职责

第十一条 承办单位拥有主办单位授权的所承办届次运动会的商业开发权利。

第十二条 承办单位应充分利用现有场馆，通过维修、改造、扩建，不同项目共用场馆等方式，提高场馆的使用效益；提倡建设临时性场馆和设施。经主办单位同意，承办单位可将不具备办赛条件的项目比赛安排在其他省、自治区、直辖市举行。

第十三条 赛事承办。

（一）制订比赛项目场馆安排方案，于运动会开幕前12个月报主办单位审批。

（二）根据批准的比赛项目场馆安排方案，提供符合竞赛规则规定的比赛场馆和满足比赛需要的相关设施设备,于运动会开幕前3个月通过主办单位验收。

（三）根据主办单位制定的比赛器材清单,提供规程规定由赛会提供的比赛器材,于运动会开幕前2个月准备就绪并通过主办单位验收。没有固定厂家生产的比赛器材要负责组织生产,保证比赛使用。

（四）提出奖杯、奖牌、证书设计方案,报主办单位审批。奖杯、奖牌、证书于运动会开幕前1个月准备就绪。

（五）提出裁判员、仲裁服装设计方案报主办单位审批。裁判员、仲裁服装于运动会开幕前1个月准备就绪。

（六）在主办单位指导下,提供赛事组织管理信息系统软硬件,功能须包括但不限于运动员登记、报名、交流,裁判员、仲裁、教练、领队报名,赛程编排,比赛成绩统计、发布等。信息系统软硬件于运动会开幕前12个月通过主办单位验收。组织开展对信息系统管理员、操作员的业务培训。

（七）编排赛程和活动日程,设计总秩序册和单项秩序册,报主办单位审批后印制、发放。总秩序册和单项秩序册于各代表团报到前1周准备就绪。汇总制作总成绩册,于运动会规程规定的最后离会期限前完成。

（八）制定颁奖方案,组织实施颁奖工作。

（九）负责全部比赛场次的录像,为执裁、仲裁提供准确、完整依据。运动会结束后向主办单位移交全部比赛项目决赛阶段录像资料。

（十）运动会开幕前举办单项比赛和裁判员、教练员培训班。

（十一）落实其他相关任务。

第十四条　非赛事工作落实。

（一）综合举办地气象、交通和筹备工作实际等因素,向主办单位提出运动会举办日期和开、闭幕时间建议。

（二）制订运动会新闻宣传、大型活动、接待保障、交通运输、安保制证等方案,报主办单位审定后组织实施。

（三）提出会徽、吉祥物、主题歌、宣传画设计（创作）方案，报主办单位审批。

（四）承办全国筹备工作会议。

（五）承办组委会成立大会。

（六）配合主办单位召开新闻发布会。

（七）在主办单位指导下，负责各代表团成员、工作人员、媒体记者、特邀嘉宾、观摩人员报名工作。

（八）编制并发放运动会指南。

（九）策划、组织相关文化活动。

（十）向主办单位申请办赛经费补助。

（十一）做好运动会筹办期间档案工作。运动会结束后 6 个月内，向主办单位提供全部文件、方案、领导讲话等正式资料汇编。

（十二）做好运动会筹办期间多媒体资料搜集整理工作。运动会结束后 6 个月内，向主办单位提供大型活动、重要会议、宣传报道的视频、照片等多媒体资料汇编。其中，运动会开、闭幕式须制作视频光盘和画册。

（十三）运动会结束后 15 日内，向主办单位报送运动会总结报告。

（十四）落实其他相关任务。

第五章　运动会申办

第十五条　全国民族运动会由省、自治区、直辖市人民政府申办。

第十六条　申办条件。

（一）提供经费保障。

（二）比赛场馆和设施设备满足赛事组织需要。

（三）在接待、交通、安保、宣传等方面，具备承办全国性赛事活动的软硬件条件。

（四）重视开展群众性少数民族传统体育活动。

第十七条　申办程序。

（一）申请。申办单位于所申办届次运动会举办年份5年前,向国家民委、国家体育总局提交申请书。申请书应包括申办条件所涉问题相关内容。

（二）考察。国家民委、国家体育总局根据申请,组织考察组对申办单位进行实地综合考察。

（三）审议和批复。国家民委、国家体育总局根据考察情况进行综合评估和审议,并将审议结果呈报国务院批准后,批复承办单位。

第六章　比赛项目设置

第十八条　全国民族运动会设置竞赛项目和表演项目两大类。竞赛项目依据其立项性质,分为增设项目、非常设项目和常设项目。

第十九条　全国民族运动会竞赛项目数量原则上保持稳定,主办单位综合少数民族传统体育项目发展实际、承办单位办赛条件和竞赛项目立项等因素,设置全国民族运动会竞赛项目。具体项目设置以该届运动会规程为准。

第七章　竞赛项目立项

第二十条　花炮、珍珠球、木球、蹴球、毽球、龙舟、独竹漂、秋千、射弩、陀螺、押加、高脚竞速、板鞋竞速、民族武术、民族式摔跤、民族马术、民族健身操等17个项目已作为全国民族运动会竞赛项目的常设项目。符合立项规定的其它少数民族传统体育项目,经申请可成为全国民族运动会竞赛项目的增设项目、非常设项目和常设项目。常设项目可降级为非常设项目。

第二十一条　增设项目立项。

（一）仅承办全国民族运动会的省、自治区、直辖市具备在所承办届次运动会中申请设立增设项目的资格。增设项目仅在所承办届次运动会有效,数量不超过1项。

（二）所申请项目须同时满足下列条件：

1.少数民族文化特色鲜明，具备广泛群众基础，竞技性、观赏性、安全性高。

2.为省级民族运动会竞赛项目。

3.已举办3次全国比赛和裁判员、教练员培训班，且每次全国比赛和培训班均应有至少4个省、自治区、直辖市组队参赛和派员参加。

4.具备完善的竞赛规则和裁判法。

5.比赛器材能够标准化生产。

（三）立项程序。

1.承办全国民族运动会的省、自治区、直辖市的民族、体育工作部门于所承办届次运动会举办年份3年前，联合向国家民委、国家体育总局报送立项申请书。立项申请书应包括立项条件所涉问题相关内容和证明材料，并附场地、器材详细说明和比赛视频资料。

2.国家民委、国家体育总局对项目进行评审。对通过评审的项目，以书面通知方式告知申请单位。

3.自书面通知印发之日起6个月内，申请单位须组织该项目的全国比赛和裁判员、教练员培训班。全国比赛和培训班均应有至少6个省、自治区、直辖市组队参赛和派员参加。国家民委、国家体育总局对全国比赛和培训班进行现场考核。

4.对通过现场考核的项目，成为所承办届次运动会的增设项目，列入该届运动会总规程。

第二十二条 非常设项目立项。

（一）各省、自治区、直辖市均具备在全国民族运动会中申请设立非常设项目的资格。非常设项目仅在所申请届次运动会有效。

（二）所申请项目须同时满足下列条件：

1.少数民族文化特色鲜明，具备广泛群众基础，竞技性、观赏性、安全性高。

2.已连续2届作为全国民族运动会竞技类表演项目,且成绩排名在该类别的前40%(含)。

3.已连续2届为省级民族运动会竞赛项目。

4.每年一次,已连续举办4次全国比赛和裁判员、教练员培训班,且每次全国比赛和培训班均应有至少6个省、自治区、直辖市组队参赛和派员参加。

5.具备完善的竞赛规则和裁判法。

6.比赛场地不受季节和地域条件限制。

7.比赛器材能够标准化生产,且使用不受季节和地域条件限制。

(三)立项程序。

1.由省、自治区、直辖市的民族、体育工作部门于申请立项届次运动会之上一届运动会闭幕后6个月内,联合向国家民委、国家体育总局报送立项申请书。立项申请书应包括立项条件所涉问题相关内容和证明材料,并附场地、器材详细说明和比赛视频资料。

2.国家民委、国家体育总局对项目进行评审。对通过评审的项目,以书面通知方式告知申请单位。

3.自书面通知印发之日起6个月内,申请单位须组织该项目的全国比赛和裁判员、教练员培训班。全国比赛和培训班均应有至少6个省、自治区、直辖市组队参赛和派员参加。国家民委、国家体育总局对全国比赛和培训班进行现场考核。

4.对通过现场考核的项目,成为所申请届次运动会的非常设项目,列入该届运动会总规程。

(四)对已列为增设项目或非常设项目的项目,如在连续届次运动会中再次申请列入非常设项目,申请条件仅须满足本条第(二)款第4项规定,但全国比赛和培训班次数不与首次立项时已举办的全国比赛和培训班次数重复计算;立项程序与非常设项目首次立项相同。如在非连续届次运动会再次申请列入非常设项目,按非常设项目首次立项管理。

第二十三条　常设项目立项。

(一)各省、自治区、直辖市均具备在全国民族运动会中申请设立常设项目的资格。常设项目在全国民族运动会长期有效。

(二)所申请项目须同时满足下列条件:

1.已连续2届列为全国民族运动会非常设项目。

2.列为非常设项目的2届全国民族运动会的参赛队伍均不少于6支。

3.每年一次,已连续举办4次全国比赛和裁判员、教练员培训班,且每次全国比赛和培训班均应有至少6个省、自治区、直辖市组队参赛和派员参加;全国比赛和培训班次数不与第二次申请成为非常设项目时已举办的全国比赛和培训班次数重复计算。

(三)立项程序。

1.由省、自治区、直辖市的民族、体育工作部门于第二次列为非常设项目的全国民族运动会闭幕后6个月内,联合向国家民委、国家体育总局报送立项申请书。立项申请书应包括立项条件所涉问题相关内容和证明材料。

2.国家民委、国家体育总局对项目进行评审。对通过评审的项目,以书面通知方式告知申请单位。

3.自书面通知印发之日起6个月内,申请单位须组织该项目的全国比赛和裁判员、教练员培训班。全国比赛和培训班均应有至少6个省、自治区、直辖市组队参赛和派员参加。国家民委、国家体育总局对全国比赛和培训班进行现场考核。

4.对通过现场考核的项目,成为全国民族运动会的常设项目,列入运动会总规程。

第二十四条　如常设项目最高级别奖牌实际颁发数量不足本届运动会规程规定数量的50%,则该项目在下届运动会中降级为非常设项目。

第八章　运动员登记与交流

第二十五条　参加全国民族运动会竞赛项目的运动员必须登记;仅参加表演项目的运动员不登记。登记运动员的资格必须符合运动会总规程和各单项规程的有关规定。

第二十六条　登记运动员人数上限为该项目单项规程规定的参加人数的两倍。

第二十七条　一名运动员只能由一个代表团登记。两个或两个以上代表团拟登记同一名运动员的,相关代表团须向主办单位提交该运动员户口复印件或学校(国家承认学历的教学机构)全日制学籍证明,以及运动员本人意见。主办单位先后依学籍、户籍、本人意愿认定运动员登记身份。

第二十八条　主办单位依据运动会规程,对运动员登记信息进行审核。审核不通过的运动员不能报名参赛。

第二十九条　对已通过登记审核的运动员,各代表团可进行交流。

第三十条　运动员登记与交流的方式、流程等具体规定由主办单位于每届运动会运动员报名工作开始前另行通知。

第九章　体育文化活动

第三十一条　全国民族运动会举行开幕式、闭幕式、民族大联欢和火炬传递活动。

第三十二条　开、闭幕式应突出民族团结进步与全民健身主题,特色鲜明、隆重热烈、务实节俭。

第三十三条　民族大联欢鼓励活动举办地群众积极参与。

第三十四条　严格控制火炬传递规模、时间和路线。点火仪式和火炬实地传递在承办单位辖区范围内举行。火炬传递活动采取实体与网络相结合,传递活动从简进行。根据公开、公平、公正原则,开展火炬手选拔工作。

第三十五条　主办单位、承办单位在运动会组织过程中积极开展主题突出、形式多样的民族团结进步宣传教育和全民健身活动，营造团结和谐与全民健身的良好氛围。

第十章　附　则

第三十六条　本办法的解释权归国家民委、国家体育总局。

第三十七条　本办法自印发之日起施行。国家民委、国家体育总局《关于印发〈全国少数民族传统体育运动会竞赛项目立项暂行规定〉的通知》（民委发〔2004〕174 号）、《国家民委 国家体育总局关于印发〈中华人民共和国少数民族传统体育运动会申办办法〉（试行）的通知》（民委发〔2010〕14 号）、《国家民委 国家体育总局关于印发〈全国少数民族传统体育运动会运动员注册与交流管理办法（试行）〉的通知》（民委发〔2010〕199号）同时废止。

重庆市非物质文化遗产条例

第一章　总　则

第一条　为了加强非物质文化遗产保护、保存工作，继承和弘扬中华民族优秀传统文化，促进社会主义精神文明建设，根据《中华人民共和国非物质文化遗产法》和有关法律法规，结合本市实际，制定本条例。

第二条　本市行政区域内非物质文化遗产的保护、保存适用本条例。

本条例所称非物质文化遗产，是指各族人民世代相传并视为其文化遗产组成部分的各种传统文化表现形式，以及与传统文化表现形式相关的实物和场所。包括：

（一）传统口头文学以及作为其载体的语言；

（二）传统美术、书法、音乐、舞蹈、戏剧、曲艺和杂技；

（三）传统技艺、医药和历法；

（四）传统礼仪、节庆等民俗；

（五）传统体育和游艺；

（六）其他非物质文化遗产。

属于非物质文化遗产组成部分的实物和场所，凡属文物的，适用《中华人民共和国文物保护法》的有关规定。

第三条　市、区县（自治县）人民政府及其相关部门应当对非物质文化遗产采取认定、记录、建档等措施予以保存，对体现中华民族优秀传统文化，具有历史、文学、艺术、科学价值的非物质文化遗产采取传承、传播等措施予以保护。

第四条　非物质文化遗产保护、保存应当坚持政府主导、社会参与、保护优先、合理利用，注重其真实性、整体性和传承性。

第五条　市、区县（自治县）人民政府应当将非物质文化遗产保护、保存工作纳入本级国民经济和社会发展规划，建立非物质文化遗产工作协调机制，加强非物质文化遗产保护机构、人才队伍建设，加强对非物质文化遗产保护工作的宣传，提高全社会保护非物质文化遗产的意识。

第六条　市、区县（自治县）人民政府文化主管部门（以下简称文化主管部门）负责本行政区域内非物质文化遗产的保护、保存工作。

发展改革、经济信息、教育、民族宗教、财政、城乡建设、城乡规划、农业、商业、卫生、体育、新闻出版、林业、旅游等有关部门在各自职责范围内，负责有关非物质文化遗产的保护、保存工作。

第七条　图书馆、文化馆（站）、博物馆、美术馆、科技馆等公共文化机构和非物质文化遗产学术研究机构、保护机构、高等院校以及利用财政性资金举办的文艺表演团体、演出场所经营单位等，应当根据各自业务范围，开展非物质文化遗产整理、研究、学术交流和非物质文化遗产代表性项目的宣传、展示。

第八条 市、区县(自治县)人民政府应当将非物质文化遗产保护、保存经费列入本级财政预算。

非物质文化遗产保护、保存经费用于非物质文化遗产调查、抢救、传承、传播等保护、保存工作;代表性传承人补助费,学习、传承优异者补助费,保护单位项目保护经费等。

第二章 非物质文化遗产代表性项目名录

第九条 市、区县(自治县)人民政府应当组织文化主管部门及其他有关部门对本行政区域内的非物质文化遗产进行调查,通过普查等方式真实、系统、全面记录非物质文化遗产。

文化主管部门应当对非物质文化遗产予以认定、记录,建立非物质文化遗产档案及相关数据库。除依法应当保密的外,非物质文化遗产档案及相关数据信息应当公开,便于公众查阅。

第十条 本市建立市、区县(自治县)两级非物质文化遗产代表性项目名录,将体现中华民族优秀传统文化,具有历史、文学、艺术、科学价值的非物质文化遗产项目列入名录予以分级保护。

区县(自治县)非物质文化遗产代表性项目名录应当报市人民政府文化主管部门备案。

国家级非物质文化遗产代表性项目名录的申报和认定,按照国家有关规定执行。

第十一条 公民、法人和其他组织认为某项非物质文化遗产体现中华民族优秀传统文化,具有历史、文学、艺术、科学价值的,可以向文化主管部门提出列入非物质文化遗产代表性项目名录的建议。

文化主管部门对收到的建议应当及时处理,并在二十个工作日内将处理情况回复建议人。

第十二条 公民、法人和其他组织可以向文化主管部门提出列入本区县(自治县)的非物质文化遗产代表性项目名录的申请。申请主体为非申请项目传承人的,应当获得申请项目传承人的授权。

申请列入非物质文化遗产代表性项目名录,应当向项目所在地区县(自治县)文化主管部门提交下列申请材料:

(一)项目介绍,包括项目的名称、历史、现状和价值;

(二)传承情况介绍,包括传承范围、传承谱系、传承人的技艺水平、传承活动的社会影响;

(三)保护要求,包括保护应当达到的目标和应当采取的措施、步骤、管理制度;

(四)有助于说明项目的视听资料等材料。

第十三条　区县(自治县)人民政府可以从本级非物质文化遗产代表性项目名录中向市文化主管部门推荐列入市级非物质文化遗产代表性项目名录的项目,并按照本条例第十二条的规定提交推荐材料。

第十四条　文化主管部门收到申请或者推荐材料后,应当组织专家评审小组和专家评审委员会,对拟列入非物质文化遗产代表性项目名录的非物质文化遗产项目进行初评和审议。

组成专家评审小组和专家评审委员会的成员不得少于五名,专家评审小组的成员不得同时担任专家评审委员会的成员。

初评意见应当经专家评审小组成员过半数通过。专家评审委员会对初评意见进行审议,提出审议意见。

评审工作应当遵循公开、公平、公正的原则。

专家评审办法由市人民政府另行制定。

第十五条　文化主管部门应当将经过专家审议通过的拟列入非物质文化遗产代表性项目名录的代表性项目予以公示,征求公众意见,公示时间不得少于二十日。

公示期内,任何单位和个人可以向文化主管部门提出书面异议。文化主管部门应当对异议进行审核,必要时另行组织专家评审委员会再次审议。

公示期满后,文化主管部门应当根据专家评审委员会的审议意见和公示结果,拟订本级非物质文化遗产代表性项目名录,报本级人民政府批准、公布。

第十六条　文化主管部门应当组织制定保护规划,对公布的.非物质文化遗产代表性项目予以保护。

制定非物质文化遗产项目保护规划应当明确保护范围、保护措施和保护目的;应当对濒临消失的非物质文化遗产代表性项目予以重点保护。

第十七条　对属于非物质文化遗产组成部分的实物和场所,文化主管部门应当加强保护,避免遭受破坏。

对非物质文化遗产代表性项目涉及的建筑物、场所等,文化主管部门应当会同城乡规划主管部门划出保护范围,作出标志说明,报本级人民政府批准后,在城乡规划和建设中采取有效措施予以保护。

第十八条　对非物质文化遗产代表性项目集中、特色鲜明、形式和内涵保持完整的特定区域,文化主管部门可以会同相关部门制定专项保护规划,实行区域性整体保护。

对符合相关条件的特定区域,可以授予重庆市文化生态保护区、重庆市民间文化艺术之乡称号。

第十九条　文化主管部门和其他有关部门征集、购买和受赠的非物质文化遗产珍贵资料文献、实物应当妥善保存,防止损毁、流失。

公民、法人和其他组织对其依法拥有的非物质文化遗产珍贵资料文献、实物等,应当妥善保护、保存。

携带非物质文化遗产珍贵资料文献、实物出境的,应当遵守国家有关规定。

第二十条　文化主管部门应当对非物质文化遗产代表性项目保护规划、抢救性保护方案的实施情况进行监督检查；发现未能有效实施的，应当及时纠正、处理。

第三章　非物质文化遗产的传承与传播

第二十一条　文化主管部门对本级人民政府批准公布的非物质文化遗产代表性项目，可以认定代表性传承人。

非物质文化遗产代表性项目的代表性传承人应当符合《中华人民共和国非物质文化遗产法》第二十九条规定的条件。下列人员不得认定为代表性传承人：

（一）仅从事非物质文化遗产资料收集、整理和研究的人员；

（二）文化主管部门和非物质文化遗产保护机构的专职工作人员；

（三）其他不熟练掌握其传承的非物质文化遗产的人员。

第二十二条　公民、法人和其他组织可以向文化主管部门推荐非物质文化遗产代表性项目的代表性传承人，公民也可以自行申请认定为代表性传承人。推荐代表性传承人的，应当征得被推荐人的书面同意。

推荐或者自行申请代表性传承人，应当同时提交下列材料：

（一）被推荐人或者申请人的基本情况；

（二）该项目的传承谱系以及被推荐人或者申请人的学艺与传承经历；

（三）被推荐人或者申请人的技艺特点、成就及相关的证明材料；

（四）被推荐人或者申请人持有该项目的相关文献、实物等资料的情况；

（五）其他说明被推荐人或者申请人代表性的材料。

第二十三条　文化主管部门收到推荐或者申请非物质文化遗产项目的代表性传承人材料后，应当按照本条例第十四条、第十五条的规定进行评审和公示，并由本级文化主管部门批准、公布。

第二十四条 对列入非物质文化遗产代表性项目名录的项目,本级文化主管部门应当认定保护单位。

非物质文化遗产代表性项目的保护单位应当具有该项目相对完整的资料,具备实施该项目保护规划的能力和开展传承、展示活动的场所等条件。

认定非物质文化遗产代表性项目的保护单位,按照本条例第十四条、第十五条的规定进行评审和公示,由本级文化主管部门批准、公布。

第二十五条 非物质文化遗产代表性项目的代表性传承人应当履行下列义务:

(一)开展传承活动,培养后继人才;

(二)妥善保存相关的实物、资料;

(三)配合文化主管部门和其他有关部门进行非物质文化遗产调查;

(四)参与非物质文化遗产公益性宣传。

非物质文化遗产代表性项目的代表性传承人无正当理由不履行前款规定义务的,文化主管部门可以取消其代表性传承人资格,重新认定该项目的代表性传承人;丧失传承能力的,文化主管部门可以重新认定该项目的代表性传承人。

第二十六条 非物质文化遗产代表性项目保护单位应当履行下列职责:

(一)制定并实施项目保护规划,向文化主管部门定期报告项目保护实施情况,并接受监督;

(二)收集该项目的实物、资料,并登记、整理、建档;

(三)推荐代表性传承人;

(四)保护该项目相关的文化场所;

(五)开展该项目的展示展演活动;

(六)为该项目传承及相关活动提供必要条件;

（七）支持代表性传承人开展传承活动；

（八）其他应当履行的职责。

非物质文化遗产代表性项目的保护单位无正当理由不履行前款规定义务的，文化主管部门可以取消其保护单位资格，重新认定该项目的保护单位。

第二十七条　非物质文化遗产代表性项目的代表性传承人和保护单位享有下列权利：

（一）开展传授、展示技艺、讲学以及文艺创作、学术研究等活动；

（二）依法向他人提供其掌握的知识、技艺以及有关的原始资料文献、实物、场所等，并获得相应报酬；

（三）开展传承、传播活动有困难的，可以向文化主管部门申请支持；

（四）提出非物质文化遗产保护工作的意见、建议；

（五）获得人民政府规定的传承人补助费和保护单位项目保护经费；

（六）其他与非物质文化遗产保护相关的权利。

第二十八条　文化主管部门应当建立本级非物质文化遗产代表性项目代表性传承人和保护单位档案。

区县（自治县）文化主管部门应当每年将本行政区域内代表性传承人和保护单位的情况报送市文化主管部门备案。

第二十九条　文化主管部门根据需要，采取下列措施，支持非物质文化遗产代表性项目的代表性传承人和保护单位开展传承、传播活动：

（一）提供必要的传承场所；

（二）提供必要的经费资助其开展授徒、传艺、交流等活动；

（三）支持其参与社会公益性活动；

（四）资助有关技艺资料的整理、出版；

（五）资助非物质文化遗产传承基地建设；

（六）指导其依法保护享有的知识产权；

（七）支持其开展传承、传播活动的其他措施。

任何单位和个人不得截留、挪用、挤占前款第二项规定的经费。

第三十条　市、区县（自治县）人民政府鼓励和支持发挥非物质文化遗产资源的特殊优势，在有效保护的基础上，合理利用非物质文化遗产代表性项目开发具有地方、民族特色和市场潜力的文化产品和文化服务。

鼓励和支持结合发展文化旅游、民俗节庆活动开发利用具有生产性、表演性或者观赏性的非物质文化遗产代表性项目。

合理利用非物质文化遗产代表性项目的，依法享受国家规定的税收、信贷等各项优惠。

第三十一条　开发利用非物质文化遗产代表性项目，应当处理好保护传承和开发利用的关系，保持该代表性项目的传统文化内涵，坚持传统工艺流程的整体性和核心技艺的真实性。

第三十二条　市、区县（自治县）人民政府应当根据需要支持设立非物质文化遗产展示场所，组织非物质文化遗产的展示活动，并结合节庆、文化活动、当地民间习俗等实际情况，开展非物质文化遗产代表性项目的展示、表演等活动。

第三十三条　教育机构应当按照教育主管部门的规定，将本地优秀的、体现民族精神与民间特色的非物质文化遗产列入教育内容，因地制宜地开展教育活动。

第三十四条　鼓励公民、法人和其他组织将其所有的非物质文化遗产资料和实物捐赠给政府设立的文化机构收藏，或者委托政府设立的文化机构保管或者展出。接受捐赠的文化机构应当对捐赠者给予奖励，并颁发捐赠证书；接受委托的文化机构应当注明委托者的名称。

鼓励有条件的公民、法人和其他组织依法成立研究机构，兴办专题博物馆，开设专门展室，开展对非物质文化遗产的研究工作，展示非物质文化遗产代表性项目。

鼓励公民学习、传承非物质文化遗产代表性项目技艺,对学习、传承优异者给予补助。

第四章　法律责任

第三十五条　违反本条例规定,破坏属于非物质文化遗产组成部分的实物和场所的,依法承担民事责任;构成违反治安管理行为的,依法给予治安管理处罚。

第三十六条　违反本条例规定,截留、挪用、挤占非物质文化遗产保护、保存经费的,由文化主管部门责令返还,并依照有关法律、法规予以行政处罚。

第三十七条　违反本条例规定,在非物质文化遗产代表性项目、代表性传承人或者保护单位的评审中弄虚作假的,由文化主管部门给予警告;已认定为非物质文化遗产代表性项目、代表性传承人或者保护单位的,予以撤销,并责令返还项目保护经费、传承人补助费。

第三十八条　违反本条例规定,文化主管部门和其他有关部门在非物质文化遗产保护、保存工作中玩忽职守、滥用职权、徇私舞弊的,对直接负责的主管人员和其他直接责任人员依法给予处分。

第三十九条　违反本条例规定,构成犯罪的,依法追究刑事责任。

第四十条　依照本条例规定,应当由文化主管部门依法处理的违法行为,已实行文化综合行政执法改革的,由文化综合行政执法机构依法处理。

第五章　附　则

第四十一条　本条例自 2012 年 12 月 1 日起施行。

主要参考文献

[1] 白晋湘. 民族传统体育文化学[M]. 北京：民族出版社，2004.

[2] 康康. 重庆市少数民族民间音乐[M]. 重庆：西南师范大学出版社，2015.

[3] 袁昌曲. 重庆市少数民族饮食文化[M]. 重庆：西南师范大学出版社，2015.

[4] 李良品. 重庆世居少数民族研究·苗族卷[M]. 重庆：重庆出版社，2011.

[5] 刘坚. 云南省少数民族体育非物质文化遗产保护与传承研究[M]. 北京：北京体育大学出版社，2016.

[6] 饶远，刘竹. 中国少数民族体育文化通论[M]. 北京：人民出版社，2009.

[7] 王希辉. 田野图志：重庆彭水少数民族非物质文化遗产考察[M]. 成都：西南交通大学出版社，2012.

[8] 熊术新，苗民，孙燕. 中国云南两个少数民族村落影像民俗志：民俗文化在传播中的意义[M]. 昆明：云南大学出版社，2007.

[9] 赵幼生. 巴渝武术[M]. 重庆：西南师范大学出版社，2012.

[10] 敖洪. 重庆市少数民族传统体育现状及其发展研究[D]. 重庆：重庆大学，2007.

[11] 陈茜. 石柱县土家族竹铃球在中小学校的传承现状与对策研究[D]. 重庆：西南大学，2021.

[12] 尹博. 基于文化共生理论的渝东南学校民族文化教育发展研究[D]. 重

庆：西南大学，2015.

[13] 袁锋. 影响渝东南少数民族传统体育发展的因素与对策研究[D]. 重庆：
西南大学，2009.

[14] 闫学荣. 重庆市少数民族传统体育文化发展现状研究[D]. 重庆：西南大
学，2007.

[15] 张雪峰. 重庆少数民传统体育板鞋竞速的发展现状及对策研究[D]. 重
庆：西南大学，2013.

[16] 郑重. 我国重庆少数民族传统体育课程的价值取向[D]. 重庆：西南大
学，2009.

[17] 且婷婷，卢铭沁，张国栋. 重庆市武术非物质文化遗产空间分布特征及影
响因素[J]. 武术研究，2023，8(4)：54-58.

[18] 李军. 重庆市少数民族传统体育竞技项目发展研究[J]. 运动精品，2022，
41(4)：60-62.

[19] 闫文娴，隋剑飞. 重庆少数民族民歌分析[J]. 艺术大观，2022(13)：
28-30.

[20] 刘晓锐. 重庆市非物质文化遗产保护与旅游利用分析[J]. 四川职业技术
学院学报，2022，32(5)：71-76.

[21] 周涵末. 重庆酉阳土家族摆手舞传承路径研究[J]. 武术研究，2021，6
(9)：119-121.

[22] 江娟丽，江茂森. 非物质文化遗产传承与旅游开发的耦合逻辑：以重庆市
渝东南民族地区为例[J]. 云南民族大学学报(哲学社会科学版)，2021，
38(1)：48-56.

[23] 陈振兴. 重庆民族地区少数民族民间艺术产业与地方经济协同创新发展
研究[J]. 艺海，2020(11)：158-159.

[24] 刘小宇. 重庆少数民族地区普惠金融支持精准扶贫难点与对策研究：以渝
东南四个民族自治县为例[J]. 农村经济与科技，2020，31(6)：177-178.

［25］马大来，杨光明，张帆. 非物质文化遗产生态旅游开发研究［J］. 合作经济与科技，2020(5)：44-46.

［26］李小凤. 少数民族传统体育项目开展现状调查研究：以彭水县射弩为个案［J］. 中华武术(研究)，2019(11)：91-93.

［27］罗敏. 重庆市非物质文化遗产博物馆建设与数字展示研究［J］. 重庆文理学院学报(社会科学版)，2019,38(6)：83-90.

［28］朱玲. 重庆市民族传统体育项目对推进旅游业发展的研究［J］. 文体用品与科技，2019(12)：110-111.

［29］丁春宏. 重庆民族地区旅游业的现状及对策［J］. 当代旅游(高尔夫旅行)，2018,16(1)：18.

［30］徐泉森. 少数民族武术文化成因探析［J］. 军事体育学报，2018,37(2)：115-118.

［31］黄潇潇，蒋科. 非物质文化遗产视野下巴渝武术文化保护及传承研究［J］. 西南师范大学学报(自然科学版)，2018,43(5)：75-79.

［32］陈泠璇. 重庆市民族文化旅游资源开发研究：以石柱土家族自治县为例［J］. 现代商业，2018(9)：146-147.

［33］齐江. 对重庆市音乐类非物质文化遗产保护工作的思考［J］. 四川戏剧，2018(9)：122-125.

［34］杨俊磊，陈振兴. 新媒体环境下重庆市非物质文化遗产传播策略探析［J］. 新闻研究导刊，2017,8(23)：21-23.

［35］王晓萍，刘茜. 基础教育传承非物质文化遗产举措探析：以重庆市为例［J］. 重庆文理学院学报(社会科学版)，2017,36(2)：19-23.

［36］周继霞. 重庆少数民族地区人居环境改造与民族文化保护与传承耦合关系研究［J］. 农村经济与科技，2016,27(10)：218-219.

［37］颜胜兰，周平远，王远琼. 重庆市少数民族传统体育文化传承路径研究［J］. 搏击(体育论坛)，2015,7(1)：85-86.

［38］徐泉森. 地方性拳种的非物质文化遗产保护研究：以重庆地区为例［J］.
　　　福建体育科技, 2015, 34（2）：7-9.

［39］郭亮, 左正强. 少数民族地区的经济文化特点与开发：以渝东南土家族、
　　　苗族文化经济为分析对象［J］. 贵州民族研究, 2015, 36（8）：172-175.

［40］易黎, 张爱钰. 重庆市少数民族地区中小学体育课程资源的开发、筛选与
　　　利用［J］. 体育科技, 2015, 36（1）：120-122.

［41］颜胜兰, 王远琼, 周平远. 浅论促进少数民族传统体育文化传承发展的措
　　　施［J］. 当代体育科技, 2015, 5（4）：196-197.

［42］王姝. 土家族摆手舞文化校本课程传承现状与策略研究［J］. 贵州民族研
　　　究, 2014, 35（6）：197-200.

［43］蒋斌. 城乡统筹背景下重庆市少数民族体育发展对策研究［J］. 当代体育
　　　科技, 2014, 4（4）：116.

［44］徐泉森. 重庆地区少数民族体育数据库的建设研究［J］. 安徽体育科技,
　　　2013, 34（5）：17-19.

［45］高扬, 张玉龙, 王美芬. 重庆地区民族传统体育的保护研究［J］. 搏击（武
　　　术科学）, 2013（4）：101-103.

［46］赵滟. 重庆少数民族非物质文化档案遗产的特征［J］. 兰台世界, 2013
　　　（35）：115-116.

［47］孙桥, 王德慧. 重庆市土家族传统体育课程资源校本课程开发研究［J］.
　　　教育与教学研究, 2013, 27（11）：36-39.

［48］向思洁, 贾波. 推进重庆少数民族地区旅游产业发展的战略研究［J］. 世
　　　纪桥, 2012（11）：136-138.

［49］江福云, 江治宜. 论重庆民族体育文化资源的开发与利用［J］. 黑龙江民
　　　族丛刊, 2011（3）：137-140.

［50］王永忠, 余艳燕. 渝东南地区少数民族传统体育进入学校的理性思考［J］.
　　　西南师范大学学报（自然科学版）, 2011, 36（5）：244-247.

[51] 张世威, 张陵. 我国民族传统体育文化发展的安全审视: 以重庆西阳土家族摆手舞为个案研究[J]. 北京体育大学学报, 2011, 34(12): 21-24.

[52] 周蓉君, 邢峰, 包伟利. 重庆市少数民族传统体育文化的研究[J]. 科学咨询(科技·管理), 2010(11): 29.

[53] 张伟. 渝东南地区民族传统体育与全民健身融合的现状及思考[J]. 四川体育科学, 2010, 29(2): 98-100.

[54] 袁瑛. 重庆少数民族传统文化与新农村建设研究[J]. 商业经济, 2008(7): 85-86.

[55] 闫学荣, 梁建平. 重庆少数民族传统体育旅游市场开发透视[J]. 首都体育学院学报, 2007, 19(2): 29-30.

[56] 吴健, 梁建平, 李学君, 等. 重庆市少数民族传统体育文化资源的调查研究[J]. 体育文化导刊, 2007(4): 56-58.

[57] 闫学荣, 董德龙. 重庆民族传统体育文化传承性研究[J]. 军事体育进修学院学报, 2007, 26(1): 96-99.

[58] 李旭东. 重庆民族旅游资源开发研究[J]. 重庆工学院学报, 2006, 20(12): 33-34.

[59] 易学. 重庆市少数民族体育文化走廊基础建设构想[J]. 北京体育大学学报, 2005, 28(4): 458-460.

[60] 东人达. 重庆少数民族非物质文化遗产保护与开发[J]. 渝西学院学报(社会科学版), 2005, 24(3): 1-5.

[61] 袁革, 庞元宁, 魏银彬. 重庆市少数民族体育发展研究[J]. 武汉体育学院学报, 2003, 37(6): 17-19.

[62] 戴晓敏. 少数民族村寨变迁中传统体育传承人的培养研究[J]. 军事体育学报, 2016, 35(3): 78-81.

[63] 李怀攀. 渝东南地区少数民族传统体育旅游资源开发应用研究[J]. 当代体育科技, 2019, 9(3): 172-173.

［64］肖宇翔. 民族传统体育项目的校本化发展探讨：以石柱竹玲球为例［J］. 西南师范大学学报（自然科学版），2014,39(4)：175-180.

［65］刘培星，张世威. 少数民族传统体育与村落文化互动发展研究：以重庆酉阳后溪镇为例［J］. 体育科学研究，2015,19(2)：1-4.

［66］谢德凤. 秀山县民族传统体育发展现状及对策［J］. 凯里学院学报，2013,31(1)：184-186.

后 记

党的二十大报告强调"加快建设制造强国、质量强国、航天强国、交通强国、网络强国、数字中国",数字化的发展已经上升到了国家战略层面。本著作对重庆少数民族传统体育进行图像摄录,是新时代传统文化创新性发展与创造性转化的一种重要方式。民族传统体育活动是典型的非物质文化遗产,是以身体活动来构成文化主体的重要形式。因为其特殊的"非物质性",在保护过程中采用影像进行记录,能更为准确、有效地对身体动作进行记录保存。灵秀的武陵山脉孕育了渝东南地区丰富的少数民族文化,使其成为特色鲜明的重庆地域文化的重要组成部分。本著作对重庆市中塘向氏武术、土家竹铃球、芦笙舞三项极具特色的少数民族体育进行了图像摄录,用镜头很好地记录了项目传承人、身体动作活动形态及使用器具的具体情况。以图像方式对重庆市优秀的民族文化进行了保存,既有对以人为载体的文化的时空定格,又从视觉上直观地展示了重庆少数民族体育活动。本著作虽然以图像志为主体,但是书中对重庆市特色的少数民族文化、少数民族体育文化进行了系统介绍,全面展示了重庆市少数民族文化风采。

在当前铸牢中华民族共同体意识的总体背景下,作者希望本著作在保存、展示重庆优秀少数民族文化的同时,更能为重庆铸牢中华民族共同体意识提供理论参考与借鉴。